KB049963

책세상문고·고전의 세계

가족, 사적 소유, 국가의 기원

DER URSPRUNG DER FAMILIE, DES PRIVATEIGENTUMS UND DES STAATS

책세상문고·고전의 세계

가족, 사적 소유, 국가의 기원

DER URSPRUNG DER FAMILIE, DES PRIVATEIGENTUMS UND DES STAATS

프리드리히 엥겔스 지음

·

김경미 옮김

책세상

일러두기

1. 이 책은 프리드리히 엥겔스Friedrich Engels의 《가족, 사적 소유, 국가의 기원*Der Ursprung der Familie, des Privateigentums und des Staats*》(1892)(제4판) 중에서 1884년의 초판 서문과 1891년의 제4판 서문 그리고 제1장 〈선사 시대의 문화 단계들 Vorgeschichtliche Kulturstufen〉과 제2장 〈가족Die Familie〉을 옮겼다.
2. 번역 대본으로는 이른바 MEW판이라 불리는 독일어판 《마르크스·엥겔스 전집*Karl Marx·Friedrich Engels, Werke*》(MEW), Bd. 21(Berlin : Dietz Verlag, 1984)을 사용했으며, 제4판 서문은 MEW, Bd. 22(Berlin : Dietz Verlag, 1963)를 사용했다.
3. 한국어 번역본으로는 《가족 사유재산 국가의 기원》, 김대웅 옮김(아침, 1987)과 《가족, 사적 소유 및 국가의 기원》, 최인호 옮김(박종철출판사, 1997)을 참조했다.
4. 엥겔스의 주는 '(저자주)'라 표기했으며, MEW판의 편집자주는 '(편집자주)'로 표기했다. 그리고 옮긴이의 주는 '(옮긴이주)'로 표시했다. 해제의 주는 모두 옮긴이주다.
5. 저자가 강조한 부분은 고딕체로 표기했다.
6. 주요 인명과 책명은 처음 한 번에 한해 원어를 병기했다.
7. 단행본과 잡지는 《 》로, 논문과 평론은 〈 〉로 표기했다.
8. 맞춤법과 외래어 표기는 1989년 3월 1일부터 시행된 〈한글 맞춤법 규정〉과 《문교부 편수자료》, 《표준국어사전》(국립국어연구원, 1999)을 따랐다.

가족, 사적 소유, 국가의 기원 | 차례

들어가는 말

우리가 고전을 읽는 이유는 각 시대의 사상가가 가졌던 고민과 그들이 제시한 여러 대안을 살펴보고, 그들의 인식 속에서 오늘날 우리가 부딪히는 문제들을 해결할 수 있는 단서를 파악해내는 데 있다. 그럼으로써 고전은 단순히 과거의 지적 골동품이 아니라 현재의 인식과 행동에 영향을 미치는 현실적이고 실천적인 길잡이가 된다. 그렇다면 출판된 지 100년이 훌쩍 지난 엥겔스Friedrich Engels의 《가족, 사적 소유, 국가의 기원*Der Ursprung der Familie, des Privateigentums und des Staats*》은 오늘날 우리에게 어떤 함의를 주는가.

우리 사회는 산업화를 거치면서 많은 변화를 겪었다. 가족구조 또한 전통적 형태와는 여러 측면에서 변했고 이러한 변화는 여전히 진행 중이다. 현재 우리의 가족 규모는 계속 작아지고 있으며, 이와 함께 가족은 전통 사회에서와는 달리 더 이상 경제적 · 생산적 단위가 아니라 정서적 · 여가적 기능을 담당하는 단위로 변하고 있다. 가족 규모의 변화를 보면 전체 가족 중에서 3세대 이상으로 구성된 대가족이 차지하는 비중은 지속적으로 줄어들고, 부부와 자녀로 구성된 2세대 가족은 여전히 높은 비율을 차지하지만 감소 추세를 보인다. 반면에 1인 단독 가족과 부부만으로 구성된 1세대 가족은 지속적으로 증가한다. 1980년에 우리나라의 전체 가족 중에서 1세대 가족은 8.3%, 1인 단독 가족은 4.8%였으나, 2000년에는 각각 14.2%와 15.5%로 크게 증가했다.

혼인 건수도 계속 감소하고 있다. 무엇보다도 '결혼을 반드시 해야 한다'는 인식이 줄어들었고, 결혼을 필수로 생각하기보다는 하나의 선택으로 간주하는 경향이 짙어졌다. 이러한 생각은 남성보다 여성에게 더 뚜렷하게 나타난다. 이혼, 재혼과 동거에 대한 태도는 관용적으로 변하고 있으며, 그 비율이 지속적으로 증가 중이다. 가족과 관련한 또 하나의 흥미로운 변화는 자녀가 가족을 구성하는 필수 조건이라고 생각하는 사람이 줄어들고 있다는 점이다. '결혼을 해도 아이를 꼭 낳을 필요는 없다'는 입장이 많아지고, 특히 젊은 연령층일수록 더욱 그렇다. 이러한 변화는 과거에 가족이 가진 성과 출산, 자녀 양육의 기능이 약화되고 있으며 앞으로도 계속 약화될 것임을 의미한다.

한편 여성의 공적인 경제 활동 참여는 꾸준히 증가해 2005년 5월에 '여성 경제 활동 인구 1,000만 명 시대'(경제 활동 참가율 50.1%)가 열렸다. 여성의 경제 활동에 대한 태도도 상당한 변화를 겪고 있다. 2002년에 조사된 한 설문 조사에 따르면 '가정에만 전념하겠다'(6.0%)는 응답보다 '직업을 가지는 것이 좋다'는 견해(89.8%)가 월등히 높았다. 기혼 여성의 경제 활동 참가도 증가하고 있다. '가정과 관계없이' 취업할 수 있다는 생각을 가진 여성이 1988년에는 16.7%에 불과했으나, 2002년에는 40.2%로 크게 늘어났다. 기혼 여성의 경제적 참여가 늘어남에 따라 '생계 부양자 남편 / 가사 전담자 아내'라는 가족 내의 전통적인 성 역할 구조가 점차 '함께 버는 부부', '공동 가족 부양' 형태로 바뀌고 있다.

또한 우리 사회에는 '사적인 가사 활동의 사회적 산업으로의 전환'이 대규모로 일어나고 있는데, 이런 추세는 앞으로 더욱 확대될 것으로 보인다. 대표적인 것이 보육 부문이다. 얼마 전까지만 해도 아이들을 돌보는 일은 당연히 가정에서 여성에 의해 행해지는 사적 영역에 속했다. 그러나 오늘날 공보육의 확대는 사회 복지의 가장 중요한 항목이 되었다. 특히 여성의 경제 활동이 활발해지면서 보육의 사회화 필요성은 더욱 커졌고, 국가는 많은 예산을 투자해 지속적으로 보육 시설을 확충하고 있다. 이외에도 병 간호, 산후조리 등의 돌봄 노동과 청소, 세탁, 요리 등의 가사 노동은 다양한 대행 업체와 외식 산업 및 식품 제조 산업의 성장을 통해 공적 노동으로 전환되고 있으며 이에 대한 사회적 수요도 계속 늘고 있다.

보수적인 사고를 가진 사람들은 이러한 다양한 가족 형태의 등장과 가족 규모의 축소, 사적인 가사 노동의 공적·사회적 산업으로의 지속적인 전환을 '가족의 해체'로 규정하고 심각한 사회 문제로 인식한다. 그러면서 이러한 해체의 근본 원인이 '아버지의 부재', '고개 숙인 남성' 등 이른바 남성 권위의 약화에 있다고 보고 과거의 전통적인 가부장적 가족 제도로의 회귀를 대안으로 제시한다.

그러나 우리는 《가족, 사적 소유, 국가의 기원》을 읽으면서 '그렇지 않다'는 대답을 발견하게 된다. 엥겔스는 보수주의자들이 사회 문제로 보는 현상들에 대해 그들과는 완전히 다른 견해를 제시한다. 다양한 가족의 등장은 남성에 대한 여성의 종속을 굳건하게 유지하는 제도인 가부장적 일부일처제가 해체되고 남녀의 진정한 성적 사랑과 애정에 기초한 자유로운 가족을 가능하게 하는 변화의 징후다. 또한 다양한 가사 노동의 사회화와 여성의 사회적 참여는 여성 해방을 위한 필수 조건이다.

그리고 여성 해방이 남성 권위의 약화 내지는 남성의 종속을 의미하는 것도 아니다. 엥겔스는 여성 해방의 진전이 곧 보편적인 인간 해방의 진전이라 본다. 따라서 현재의 이러한 변화가 여성 해방을 향한 진보의 발걸음이라면 동시에 남성 해방을 위한 발걸음이기도 한 것이다. 또한 엥겔스는 《가족, 사적 소유, 국가의 기원》에서 가족의 변화가 독립적으로 일어나지 않고 사회적 생산력과 생산 관계의 역사적 발전 그리고 그에 상응하는 총체적인 사회적 변화와 맞물려서 발생한다는 점을 자세히 보여준다. 따라서 《가족, 사적 소유, 국가의 기원》을 통해서 우리는 모든 사회경제적 변화를 그대로 둔 채 단지 가족 제도만을 과거의 형태로 돌리고자 하는 보수주의적 사고가 실현 불가능한 반동적 낭만주의에 불과하다는 점을 알게 되며, 또한 이에 대항할 수 있는 논리적인 무기를 얻게 된다.

《가족, 사적 소유, 국가의 기원》 초판은 1884년 10월 초에 나왔는데, 사회주의적인 내용 때문에 독일이 아닌 취리히에서 출판되었다. 1892년에는 제1판을 개정 · 보완한 제4판(제2판과 제3판은 내용 수정 없이 제1판을 그대로 인쇄했다)을 출판하고 이에 새로이 서문을 달았는데, 이 서문은 〈가족의 원시사에 대해Zur Urgeschichte der Familie〉라는 제목의 독립적인 논문으로 발표되었다.

《가족, 사적 소유, 국가의 기원》은 전체 9개의 장으로 구성되어 있다. 제1장 〈선사 시대의 문화 단계들〉에서 엥겔스는 모건L. H. Morgan의 견해를 따라 인류의 선사 시대에 속하는 야만과 미개 시기를 나누고 각 시기를 생활 수단 생산의 진보 정도에 따라 낮은 단계, 중간 단계, 높은 단계의 세 단계로 다시 나누어 각 시기의 생활과 특징을 개략적으로 서술한다. 제2장 〈가족〉에서는 원시 상태의 무규율적 성교가 이후

네 가지 가족 형태 즉 혈연 가족, 푸날루아 가족, 대우혼 가족, 일부일처제 가족으로 발전하는 과정을 제시한다. 이후의 장에서 엥겔스는 가장 원시적이고 근원적인 이로쿼이 씨족 형태(제3장)와 이보다 후기의 파생적 씨족 형태인 그리스(제4장과 제5장), 로마(제6장) 및 켈트인과 게르만인(제7장과 제8장)의 씨족 제도와 그것의 분해나 파괴와 함께 등장하는 국가 형성을 자세히 서술한다. 마지막 제9장 〈미개와 문명〉은 결론 부분으로, 노동 분업의 진전에 따른 잉여물의 생산, 부족 간의 잉여 생산물 교환의 발전과 확대, 사적 소유의 출현과 계급의 등장, 국가의 발흥과 성격 등을 총체적이고 유기적으로 연결하면서 가족, 사적 소유, 국가의 발생이 어떻게 연관되는지 논리정연하게 제시한다.

이 책은 원서의 전체 9장 가운데 제1장과 제2장만을 옮겼다. 각 장이 모두 중요한 내용을 담았지만, 제3장에서 제8장까지는 제1장과 제2장에서 제시한 내용을 구체적인 증거와 사료를 가지고 분석·보완하고 있으므로 이 부분을 생략해도 가족과 여성 문제에 대한 엥겔스의 기본적인 사고를 이해하는 데 커다란 어려움은 없으리라고 생각한다. 다만 제9장만큼은 옮겨 싣지 못한 점을 유감스럽게 생각하나, 여기에 서술된 여성 해방 관련 부분을 해제에 소개함으로써 아쉬움을 달래고자 한다.

끝으로 이 책을 통해 독자들이 가족과 여성 해방에 대한 마르크스주의의 입장을 더욱 명확하고 정확하게 이해하기를 바라며, 우리 사회가 진정한 양성 평등과 인간 해방의 사회로 나아가는 발전적인 틀을 짜는 데 조금이라도 도움이 되기를 희망한다.

옮긴이 김경미

가족, 사적 소유,
국가의 기원

L. H. 모건의 연구와 관련하여[1]

1884년 초판에 부쳐

다음 장들은 어느 정도까지는 유언을 집행하는 것이다. 마르크스Karl Marx는 모건의 연구 결과들을 자신—일정한 한도 내에서는 우리라고 말해도 될 것이다—의 유물론적 역사 연구의 결과들과 결부해 설명함으로써, 모건의 연구 결과가 가지는 전체적인 의미를 가장 분명하게 밝힌 사람이다. 마르크스가 40년 전에 발견한 유물론적 역사 인식을 모건은 미국에서 자신의 방식으로 새로이 발견했고, 이 방식으로 미개와 문명을 비교해 마르크스와 동일한 결론을 이끌어냈다. 독일의 경제학 전문가들이 《자본론*Das Kapital*》을 수년 동안 열심히 표절하면서도 완강한 침묵으로 그것을 매장했듯이, 영국의 '선사'학 대표자들은 모건의 《고대 사회*Ancient society*》를 이와 똑같이 취급했다. 나의 저작은 고인이 된 친구가 더 이상 하지 못하게 된 것에 대한 그저 미약한 대용물일 뿐이다.

나는 그가 모건의 글을 상세히 발췌하고 그에 대해 비판적인 주해를 달아놓은 것을 가지고 있다. 이 비판적 주해들은 관련이 되는 한 여기에 그대로 옮겨놓았다.

유물론적 인식에 따르면 역사를 최종적으로 규정하는 계기는 직접적 생활의 생산과 재생산이다. 그런데 이것 자체는 다시 이중적인 방식으로 이루어진다. 한편으로는 생활 수단들의 생산 즉 의식주의 대상과 이에 필요한 도구의 생산이며, 다른 한편으로는 인간 자체의 생산 즉 종의 번식이다. 특정한 역사 시대에 특정 지역에서 사는 인간은 사회적 제도 안에서 살아가는데, 이 사회적 제도는 두 종류의 생산, 곧 한편으로는 노동의 발전 단계, 다른 한편으로는 가족의 발전 단계에 의해 규정된다. 노동이 덜 발전할수록, 노동 생산물의 양이 제한적일수록, 그래서 사회의 부가 제한적일수록 사회 질서는 혈연적 유대에 의해 더욱 크게 지배받는 것처럼 보인다. 혈연적 유대에 기초한 사회 구조하에서 점차 노동 생산성이 증가하며, 이와 함께 사적 소유와 교환, 부의 차이, 타인의 노동력을 이용할 가능성, 이에 따른 계급 대립의 기초가 나타난다. 새로운 사회적 요소들은 몇 세대에 걸쳐 낡은 사회 제도를 새로운 상황에 적응시키고자 노력하지만, 이 둘은 서로 양립하지 못하기 때문에 마침내 하나의 완전한 변혁을 가져오게 된다. 혈연적 결합체에 기반을 둔 낡은 사회는 새로 발전한 사회 계급들과 충돌해 폭파되고 그 자리에 국가로 집약되는 새로운 사회가 출현하는데, 국가의 하부 단위는 더 이상 혈연적 결합체가 아니라 지역적 결합체다. 이 새로운 사회에서는 소유 질서가 가족 질서를 완전히 지배하며, 지금까지 쓰인 모든 역사의 내용인 계급 대립과 계급투쟁이 비로소 자유롭게 전개된다.

모건은 역사 시대에서 선사 시대적 기초의 주요 특징을 발견해 복원했다. 또한 지극히 중요함에도 지금까지 풀리지 않았던 까마득한 과거 그리스, 로마, 게르만 역사의 수수께끼를 푸는 열쇠를 북아메리카 인디언의 혈연적 결합체에서 발견했는데, 이는 모건의 위대한 업적이다. 그러나 그의 저작은 하루아침에 이루어지지 않았다. 그는 40년간 자료와 필사적으로 씨름한 후에야 자료를 완전하게 파악하고 사용하게 되었다. 그러므로 그의 책은 우리 시대의 몇 안 되는 획기적인 저작 가운데 하나다.

다음의 서술에서 어떤 것을 모건이 도출했고 어떤 것을 내가 덧붙였는지 독자들은 대체로 쉽게 구분할 것이다. 그리스와 로마 역사를 다루는 장에서 나는 모건의 증거 자료에만 그치지 않고 내가 사용할 수 있는 자료를 추가했다. 켈트인과 게르만인에 대한 장은 내가 썼다. 모건은 이 부분에서 주로 이차 자료에 의지하며, 게르만인의 상황에 대해서는—타키투스P. C. Tacitus를 제외하면—오로지 프리먼E. A. Freeman의 저급한 자유주의적 날조에 의존한다. 경제학적 논술들은 모건의 목적을 위해서는 충분하지만 나의 목적을 위해서는 충분하지 않기 때문에 모두 내가 새로 집필했다. 그리고 마지막으로 모건에게서 인용했다고 명확하게 밝히지 않은 모든 결론에 대한 책임은 당연히 나에게 있다.

제4판 서문(1891)

이 책의 이전 판들은 약 반년 전에 품절되었으며, 출판업자[2]는 내가 새로운 판을 준비하기를 이미 오래전부터 희망했다. 그러나 지금까지는 더 급한 작업들로 인해 그러지 못했다. 초판이 발행된 지 7년이 흘렀고, 그동안 원시적 가족형태 연구에 중요한 진보가 있었다. 이제 면밀히 수정하고 보완하는 작업이 행해져야만 한다. 더구나 현재의 원문을 예정대로 연판鉛版으로 굽는다면, 당분간 수정은 불가능할 터이므로 더욱 그렇다.

그래서 나는 원문 전체를 주도면밀하게 살펴보고, 일련의 보충 작업을 했다. 그럼으로써 현재의 과학 상태를 충분히 반영한 작업이 되었기를 바란다. 나아가 나는 서문에서 바호펜J. J. Bachofen에서 모건에 이르기까지 가족사의 발전을 간단히 개괄했다. 이는 모건의 발견으로 인해 원시 시대에 대한 인식이 근본적인 변혁을 이루었음에도, 국수적인 영국의 선사학파는 이에 대해 가능한 한 계속 묵살하면서도 모건의 성과를 조금도 주저하지 않고 횡령하고 있기 때문이다. 또한 다른 나라들 곳곳에서도 영국의 이런 수법을 너무나 열심히 모방하고 있기 때문이다.

나의 저작은 여러 나라 말로 번역되었다. 우선 이탈리아어로 *L'origine della famiglia, della proprietà privata e dello stato*〔Versione reveduta dall'autore, di Pasquale Martignetti(Benevento, 1885)〕이다. 루마니아어로는 *Originǎ familiei, proprieţǎei, private çi a statuluif* 로서 요안 나데즈데Joan Nǎdejde가 번역해 야시에서 발행되는 잡지 《동시대인*Contemporanul*》의 1885년 9월호에서 1886년 5월호까지 게재했다. 덴마크어로는 *Familjens, Privatejendommens og Statens Oprindelse*〔*Dansk af Forfatteren gennemgaaet Udgave, besørget af Gerson Trier*(København, 1888)〕로 번역되었다. 이번의 독일어 제4판을 기초로 라베Henri Ravé의 프랑스어 번역본이 인쇄되고 있다.

—

1860년대 초까지 가족사는 문제가 되지 않았다. 역사학은 이 영역에서 전적으로 모세 5경[3]의 영향하에 있었다. 다른 어느 책보다도 이 책에서 자세히 설명하는 가부장제적 가족 형태는 가장 오래된 가족 형태로 서슴없이 받아들여졌을 뿐만 아니라—일부다처제를 제외하고는—오늘날의 부르주아적 가족과 동일시되었다. 그래서 가족은 역사적 발전이라고는 전혀 거치지 않았다고 생각했던 것이다. 기껏해야 원시 시대에 성적 무규율의 시기가 존재했을지도 모른다는 점을 인정하는 정도였다. 물론 단혼單婚 이외에도 동양의 일부다처제나 인도·티베트의 일처다부제가 알려져 있었다. 그러나 이러한 세 가지 형태는 역사적 순서로 정리되지 못했고, 서로 상관 관계 없이 나열되었다. 고대사의 몇몇 민족과 아직 존재하는 몇몇 야만인의 경우는 아버지의 혈통이 아니라 어머니의 혈통을 따졌다. 이처럼 모계가 유일하게 유효한 혈통으로 인정되었다는 사실, 오늘날까지 자세히 연구되지 않은 많은 민족의 경우 일정 규모의 집단에서 내부 결혼은 금지되어 있다는 사실, 이러한 관습을 전 세계에서 찾아볼 수 있다는 사실은 이미 알려졌고, 이와 관련한 사례들이 더욱더 많이 수집되었다. 그러나 이것들을 어떻게 취급해야 할지는 알지 못했다. 예컨대 타일러E. B. Tylor가 쓴 《인류의 원시사 등에 관한 연구*Researches into the Early History of Mankind etc.*》(1865)에서조차 이러한 사례들은 불타는 나무를 철기로 건드리는 일을 금지하는 일부 야만인의 관습이나 이와 유사한 종교적인 해괴한 관행과 함께 단순히 '괴상한 관습'으로 묘사된다.

가족사 연구는 바호펜의 《모권*Mutterrecht*》이 출판된 1861년부터 시작된다. 이 책에서 저자는 다음과 같이 주장한다. ① 인간들은 처음에는 바호펜이 난교Hetärismus라고 잘못 명명한 무제한적 성교 생활을 했다. ② 이러한 생활은 아버지를 분간할 수 있는 가능성을 모두 배제했고, 따라서 혈통은 단지 모계로만—모권에 따라서만—따질 수 있었다. 이것은 초기의 모든 고대 종족에서 그러했다. ③ 그 결과 여자들은 어머니로서, 즉 젊은 세대의 확인 가능한 유일한 부모로서 높은 신망과 존경을 받았으며, 바호펜의 의견에 따르면 이 신망과 존경이 완전한 여성 지배Gynaikokratie로 확대되었다. ④ 여자가 오로지 한 남자에게만 속하는 단혼으로의 이행은 태고의 종교적 계율 중 하나의 침해(즉 사실상 그 여자에 대한 다른 남자들의 전통적인 권리의 침해)를 의미한다. 이러한 침해에 대해 그 여자는 일정 기간 동안 다른 남자들에게 몸을 제공함으로써 속죄를 하거나 견뎌내야 했다.

바호펜은 그가 수집한 고전 문헌의 무수한 구절에서 이러한 명제에 대한 증거를 찾는다. 그에 따르면 '난교'에서 일부일처제로, 그리고 모권에서 부권으로의 발전은, 특히 그리스인의 경우 종교적 관념이 계속 발전한 결과다. 즉 새로운 견해를 대변하는 새로운 신들Gottheiten이 낡은 견해를 대변하는 전통적인 신들의 무리에 끼어든 결과로서, 후자가 전자에 의해 점차 뒤로 밀려난 것이다. 그래서 바호펜에 의하면 남녀의 상대적인 사회적 지위가 역사적으로 변한 것은 사람들의 실제 생활 조건이 발전했기 때문이 아니라 사람들 사고에 이 생활 조건이 종교적으로 반영되었기 때문이다. 바호펜은 아이스킬로스Aeschylos의 《오레스테이아*Oresteia*》가 몰락해가는 모권과 영웅 시대에 발생하여 승리를 거두는 부권 사이의 투쟁을 극적으로 묘사했다고 본다. 클리템네스트라는 자신의 정부情夫인 아이기스토스 때문에 트로이 전쟁에서 귀향하던 남편 아가멤논을 때려죽인다. 그러나 그녀와 아가멤논 사이에서 태어난 아들인 오레스테스는 자신의 어머니를 때려죽이면서 아버지를 살해한 일을 복수한다. 모친 살해가 가장 무겁고 용서하기 어려운 범죄라고 보는 모권의 수호신들인 에리니에스는 그를 고소한다. 그러나 신탁을 통해 오레스테스가 이런 범죄를 감행하도록 한 아폴로와 재판관으로 불려온 아테나—이 두 신은 새로운 제도인 부권제를 대변한다—는 오레스테스를 옹호한다. 아테나는 쌍방의 말을 경청한다. 전체 소송 사건은 오레스테스와 에리니에스 사이에 벌어지는 다음의 논쟁으로 간단히 요약된다. 오레스테스는 클리템네스트라가 남편을 죽임으로써 동시에 그의 아버지도 죽이는 이중의 죄를 저질렀다는 점을 호소한다. 그런데 왜 에리니에스는 더 많은 죄를 지은 그녀를 고소하지 않고 그를 고소하는가? 이에 대한 대답은 매우 적절하다.

그녀는 그녀가 죽인 남편과 혈연 관계가 없다.[4]

혈연 관계가 없는 남자를 살해하는 일은 비록 그 남자가 남편일지라도 용서될 수 있으므로 에리니에스에게는 아무런 상관이 없다. 이들의 소관은 단지 혈연 관계에 있는 사람들 사이에서 일어난 살인을 고소하는 것이며, 모권에 의하면 어머니를 살해하는 일이야말로 가장 엄중하고 결코 용서받을 수 없는 살인이다. 이제 아폴로가 오레스테스를 위해 변호사로 등장한다. 아테나는 이 사건을 아레오파고스 성원들—아테네의 법정 배심원들—의 표결에 부친다. 표결 결과는 무죄와 유죄가 동수다. 이때 재판장 아테나가 오레스테스를 지지하는 표를 던지면서 무죄를 선언한다. 부권이 모권에 승리했으며, 에리니에스 스스로 말하듯이, '젊은 부족의 신들'이 에리에니스를 이겼고, 마침내 에리니에스도 새로운 질서에 봉사할 새 직책을 받아들이는 데 동의했다.

《오레스테이아》에 대한 새롭고 올바른 이러한 해석은 바호펜의 책에서 가장 아름답고 훌륭한 대목의 하나지만, 동시에 이 해석은 바호펜이 아이스킬로스가 그랬던 것처럼 적어도 에리니에스와 아폴로, 아테나의 존재를 믿었다는 점을 증명한다. 그는 이 신들이 그리스의 영웅 시대에 모권을 전복하고 부권을 세우는 기적을 가져왔다고 믿는다. 종교를 세계사의 결정적인 지렛대로 보는 이런 견해는 결국 순수한 신비주의에 빠지게 될 것이 분명하다. 따라서 바호펜의 두꺼운 4절판 책을 전부 연구하는 일은 어려우면서도 반드시 유익하지만은 않다. 그러나 그렇다고 해서 그의 선구적인 업적의 가치가 줄지는 않는다. 그는 처음으로 무규율적인 성교가 행해진 미지의 원시 상태에 대한 헛소리들을 다음과 같은 논증으로 반박했다. 그리스인과 아시아인의 경우 단혼이 있기 이전에 한 남자가 여러 여자와, 또 한 여자가 여러 남자와 관습과의 충돌 없이 성교를 맺은 상태가 실제로 존재했다는 흔적을 고대의 문헌에서 허다하게 찾아볼 수 있다는 것, 이러한 관습은 사라졌지만 여자들이 단혼에 대한 권리를 얻기 위해서 일정 기간 동안 다른 남자들에게 몸을 허락하는 것을 감수하는 형태로 그 흔적을 남기고 있다는 것, 혈통은 근본적으로는 오직 모계로만 이어져 어머니에게서 어머니에게로만 따질 수 있었다는 것, 이처럼 오로지 모계만이 인정되는 것은 부자 관계가 확실하게 되었거나 어쨌든 부자 관계가 인정받게 된 단혼의 시기까지도 계속해서 상당 기간 지속되었다는 것, 그리고 아이들의 유일하고 확실한 부모로서 어머니의 이러한 근본적인 위치가 어머니에게, 또 여성 일반에게 이후 다시는 가지지 못한 높은 사회적 지위를 보장했다는 것을 논증했다. 비록 바호펜이 이러한 명제들을 명확하게 이야기하지는 않았다—이는 그의 신비주의적 견해 때문이었다—할지라도 그는 이러한 명제들을 논증했고, 1861년에 이것은 하나의 완전한 혁명을 의미했다.

바호펜의 두꺼운 4절판 책자는 그 당시에는 현대 가족의 이전 역사에 대해 가장 관심이 적었던 나라의 언어인 독일어로 쓰였다. 따라서 그 책은 세상에 알려지지 않았다. 1865년 이 분야에 나타난 바호펜의 첫 계승자는 바호펜에 대해 한 번도 들어본 적이 없었다.

이 계승자의 이름은 매클레넌J. F. McLennan인데, 그는 그의 선행자와는 정반대의 사람이었다. 우리는 여기서 천재적인 신비주의자 대신에 극히 무미건조한 법률가, 그리고 풍부한 시적 공상 대신에 변호사의 명확한 변론을 만나게 된다. 매클레넌은 고대와 현대의 여러 미개 민족과 야만 민족 그리고 문명 민족에서도 신랑이 혼자 또는 자신의 친구들과 함께 신부를 그녀의 친척들에게서 외견상 강제로 약탈하는 결혼 형태를 발견한다. 이러한 관습은 분명히 한 종족의 남자가 아내를 다른 곳에서, 즉 다른 종족한테서 폭력을 사용해 약탈하던 이전 관습의 잔재일 것이다. 그런데 이러한 '약탈혼'은 어떻게 발생했는가? 남자들이 자기 부족 내에서 여자를 충분히 찾을 수 있다면 그런 결혼을 할 이유가 전혀 없다. 그러나 이제는 우리가 자주 보듯이, 덜 진보한 종족에서는, 내부 혼인이 금지된 일정한 집단(1865년경에는 아직도 이 집단이 종종 부족 자체와 동일시되었다)이 존재해서 남자는 아내를, 그리고 여자는 남편을 자기 집단의 밖에서 구해야만 했던 반면,

다른 종족 집단에서는 남자들이 오로지 자기 집단 내에서만 아내를 얻어야 하는 관습이 있었다. 매클레넌은 전자를 족외혼 집단, 후자를 족내혼 집단으로 부르고, 족외혼과 족내혼 '부족들' 사이에 엄격한 대립을 설정한다. 모든 경우는 아니지만 대개 이러한 대립이 그의 관념 속에서만 존재한다는 사실을 족외혼에 대한 자신의 연구를 통해 곧바로 알 수 있었음에도, 그는 이 대립을 자신의 이론적 기초로 삼는다. 그에 따르면 족외혼 부족은 오로지 다른 부족에서만 아내를 얻을 수 있다. 그리고 야만 시기에 부족과 부족 사이의 부단한 전쟁으로 인해 이것은 오직 약탈을 통해서만 가능했다.

계속해서 매클레넌은 '이러한 족외혼 관습이 어디에서 발생했는가'라는 질문을 던진다. 그는 혈연 관계와 근친상간에 대한 관념은 족외혼 관습과 아무런 관계가 없다고 여기며, 이 관념들은 훨씬 후에야 비로소 발전했다고 본다. 그는 이 족외혼 관습이 아마도 여자아이를 낳으면 곧바로 죽이는, 야만인들 사이에 널리 퍼져 있는 관습에서 기인했으리라고 주장한다. 이러한 관습으로 각 부족 내에서 남자가 남아돌게 되고, 그로 인한 필연적인 첫 번째 결과가 여러 남자가 한 여자를 공유하는 것이었다. 즉 일처다부제다. 그런데 이로 인해 아이의 어머니가 누구인지는 알지만, 아버지가 누구인지는 알지 못하게 된다. 그래서 친족 관계는 부계를 배제하고 모계만을 따지게 되었고, 이것이 모권의 발생 배경이다. 그리고 부족 내에서 여자가 모자람—일처다부제를 통해 완화되었지만 해소되지는 않았다—에 따라 나타나는 두 번째 결과가 다른 부족의 여자들에 대한 체계적이고 폭력적인 납치였다는 것이다.

> 족외혼과 일처다부제는 동일한 원인—양성 간의 수적 불균형—에 기인하기 때문에, 모든 족외혼 인종은 애초부터 일처다부제를 실시했다고 보아야만 한다……그렇기 때문에 족외혼 종족의 경우 최초의 친족 제도가 어머니 편으로만 혈통을 따지는 것이었음은 논쟁의 여지가 없다고 보아야 할 것이다. (매클레넌, 《원시 결혼*Primitive Marriage*》, 124쪽)[5]

매클레넌의 업적은 그가 족외혼이라고 부른 것이 널리 퍼져 있었고, 또 매우 중요하다는 점을 지적했다는 데 있다. 그는 결코 족외혼 집단의 존재 사실을 발견하지도 않았고, 그것을 처음으로 올바르게 이해하지도 않았다. 여러 관찰자에게서 볼 수 있는 그보다 앞선 단편적인 기록들—바로 이것들이 매클레넌의 원전이다—을 도외시하더라도, 래덤R. G. Latham〔《서술적 민족학*Descriptive Ethnology*》(1859)〕은 인도의 마가르인[6] 사이에서 볼 수 있는 이러한 제도를 정확하고 올바르게 묘사하며, 이 제도가 널리 퍼져 있어 세계의 모든 지역에서 찾아볼 수 있다고 말했다—매클레넌은 이를 인용한다. 그리고 모건도 이미 1847년에 이로쿼이인과 관련한 자신의 서한(《아메리칸 리뷰*American Review*》)과 1851년에 쓴 《이로쿼이인 연맹*The League of the Iroquois*》에서 이로쿼이 부족에도 그와 같은 제도가 있음을 증명하여 올바르게 서술한다. 이에 반해 매클레넌의 변호사적 사고는 모권에 대한 바호펜의 신비주의적 공상보다 훨씬 더 큰 혼동을 일으켰다. 매클레넌의 또 하나의 업적은—바호펜이 그보다 앞서 인식했다는 것을 그 자신도 나중에 인정했지만—모권적 혈통 제도를 시원적 혈통 제도로 인식했다는 점이다. 그러나 이 문제에서도 그의 견해는 명확하지 않은데, 그는 끊임없이 '모계만에 의한 친족 관계'를 이야기하면서 초기 단계에 타당한 이 표현을 후기의 발전 단계, 즉 혈통과 상속권은 여전히 모계로 따지지만 남자 쪽으로도 친족 관계가 인정되고 표현되는 단계에도 계속 적용한다. 이는 확고한 법률적 표현을 만들어내어 이것은 이미 적용할 수 없게 된 상태에 대해서도 계속 적용하려는 법률가의 편협함을 보여준다.

매클레넌의 이론은 매우 타당성이 있는 것처럼 보이지만, 저자 자신도 그 근거가 그다지 확고하다고 여기지는 않았던 것 같다. 적어도 그는 다음과 같은 생각을 가지고 있었다.

> (외견상) 여자 약탈의 형태는 바로 남자 쪽 친족 관계(즉 부계에 따른 혈통)가 지배하던 종족 사이에서 가장 두드러지고 명

백하다는 점은 주목할 만하다. (매클레넌,《원시 결혼》, 140쪽)

그리고 다음도 마찬가지다.

우리가 아는 한, 족외혼과 가장 오래된 친족 형태가 나란히 존재하는 곳에서 갓난아이를 조직적으로 살해하는 관습이 없었다는 점은 기묘한 일이다. (매클레넌,《원시 결혼》, 146쪽)

이 두 가지 사실은 그의 이론에 직접적인 타격을 가하는 내용으로, 그는 새롭지만 한층 더 혼란스러운 가설을 가지고서만 이러한 사실들을 절충할 수 있었다.

그럼에도 그의 이론은 영국에서 상당한 갈채와 반향을 얻었다. 영국에서 매클레넌은 가족사학의 창시자이자 최초 권위자로서 보편적으로 인정받았다. 그가 제시한 족외혼과 족내혼 '부족'의 대립은 아무리 개별적인 예외와 변종들이 확인되어도 여전히 지배적인 견해로 인정받고 있으며, 이 연구 분야에 대한 자유로운 고찰과 모든 결정적인 진보를 불가능하게 만드는 눈가리개가 되었다. 영국과 영국의 실례에 따라 다른 나라에서 일상화된 매클레넌에 대한 과대평가를 보며, 그가 끼친 해악—순전히 오해에 기초한 그의 족외혼과 족내혼 '부족' 사이의 대립—이 그의 연구가 준 이점보다 더 크다는 점에 문제를 제기하는 것은 당연하다.

이미 곧 그의 깔끔한 틀에 맞지 않는 사실들이 잇달아 발견되었다. 매클레넌은 그저 세 가지 형태의 결혼, 즉 일부다처제, 일처다부제 그리고 단혼만을 알았다. 그러나 일단 이 점이 주목을 받자 덜 진보한 종족의 경우에 남자들이 일련의 여자들을 공유하는 결혼 형태가 존재했다는 증거들이 점점 더 많이 발견되었다. 그리고 러복John Lubbock 경〔《문명의 기원*The Origin of Civilisation*》(1870)〕은 군혼群婚을 역사적 사실로 인정하고 수용했다.

그 직후인 1871년에 모건은 여러모로 결정적인 자료를 갖고 등장했다. 그는 미국의 모든 원주민에게서 공통적으로 이로쿼이인 특유의 친족 관계를 발견했다. 이는 그들의 결혼 제도에서 실제로 도출되는 촌수와 모순될지라도 대륙 전체에 퍼져 있었다. 그는 미국 연방 정부를 통해서 자신이 작성한 설문지와 표를 기초로 나머지 민족의 친족 체계를 조사했으며, 여기에서 나온 답변을 통해 다음의 사실들을 발견했다. ① 아메리카 인디언의 친족 체계는 아시아에서도 통용되며, 아프리카와 오스트레일리아의 여러 부족에게서도 약간 변형된 형태로 통용된다. ② 이 친족 체계는 하와이와 기타 오스트레일리아의 섬들에서 막 소멸 중인 군혼의 형태를 통해서 완전하게 설명된다. ③ 그러나 이 섬들은 이러한 결혼 형태 외에도 지금은 소멸한 더 원시적인 군혼 형태를 통해서만 설명되는 친족 체계를 가지고 있다. 그는 이러한 사실에서 도출한 결론들을 포함해서 자신이 수집한 정보들을 1871년에 《혈족과 친족 체계*Systems of Consanguinity and Affinity*》라는 책을 통해 발표했고, 논쟁을 한층 더 포괄적인 영역으로 이끌었다. 그는 친족 체계에서 출발해 이 친족 체계에 상응하는 가족 형태들을 다시 구성함으로써, 훨씬 더 먼 과거로 거슬러 올라가 인류의 선사 시대를 연구하는 새로운 길을 열었다. 이러한 방법이 유효성을 인정받아 매클레넌의 깔끔한 구성은 연기처럼 사라졌다.

매클레넌은 《원시 결혼》의 새로운 판(1875)에서 자신의 이론을 옹호했다. 그 자신은 순전히 가설에 근거해서 가족사를 극도로 인위적으로 조합해놓고는, 러복과 모건에게는 각각의 주장에 대한 근거뿐 아니라 스코틀랜드 법정에서나 통하는 확실한 증거를 요구한다. 그런데 바로 이런 요구를 한 사람이, 게르만인의 경우에 외삼촌과 조카 사이에 밀접한 관계가 있었다는 것〔(타키투스, 《게르마니아*Germania*》, 제20장)〕, 브리튼인은 10명 내지 12명이 여자를 공유했다는 카이사르G. J. Caesar의 보고, 그리고 미개인의 여자 공유와 관련 고대 저술가들의 그 밖의 보고를 통해 주저 없이 이 모든 민족에서 일처다부제가 지배적이었다는 결론을 끌어내고 있다! 자신이 기소할 때는 모든 자유를 허용하면서, 변호인에게는 말 한마디에도 모든 요건을 갖춘 법률상의 유효한 증거를 요구하는 검사의 말을 듣고 있는 기분이다.

그는 군혼은 순전히 허구라고 주장하는데, 이는 바호펜의 생각보다도 훨씬 후퇴한 것이다. 그는 모건의 친족 체계가 단순히 사회적 예의를 표시한다고 주장하면서, 이는 인디언이 외국인인 백인을 형제나 아버지로 부른다는 사실로 증명된다고 한다. 이는 마치 가톨릭의 성직자와 수녀원장이 아버지와 어머니로 불리고, 수사와 수녀, 심지어 프리메이슨 단원과 영국의 동업조합원도 엄숙한 집회에서 서로를 형제와 자매로 부르기 때문에 아버지, 어머니, 형제, 자매라는 호칭은 아무 의미가 없다고 주장하는 것과 같다. 요컨대 매클레넌의 변론은 형편없이 허약하다.

그러나 그가 여전히 도전받지 않은 것이 한 가지 있다. 그가 제시한 체계 전체의 기반인 족외혼과 족내혼 '부족'의 대립은 흔들리지 않았을 뿐 아니라 심지어 가족사 연구의 준거점으로 널리 인정받는다. 이 대립을 설명하는 매클레넌의 노력이 충분하지 못할 뿐 아니라 그 자신이 열거한 사실들과 모순된다는 점은 받아들여졌다. 그러나 대립 그 자체, 즉 서로 배타적인 두 종류의 독립적인 부족이 존재하고, 이 가운데 한 부족은 아내를 부족 내부에서 얻어야 하고 다른 부족은 이것이 절대적으로 금지되어 있다는 점—이것은 논쟁의 여지가 없는 복음과도 같았다. 예컨대 지로 퇼롱Alexis Giraud-Teulon의 《가족의 기원*Origines de la famille*》(1874)과 러복의 《문명의 기원》(1882)(제4판)을 참조해보라.

바로 이 점에서 이 책의 토대를 이루는 모건의 대표작《고대 사회》(1877)가 출발한다. 모건은 이 책에서 1871년에는 어렴풋하게 알았던 것을 매우 명확하게 전개한다. 족내혼과 족외혼은 결코 대립되지 않는다. 족외혼 '부족'은 지금까지 어디에서도 증명되지 않았다. 그러나 군혼—모든 가능성으로 볼 때 군혼은 한때 모든 곳에서 지배적이었다—이 아직 지배적이었던 시기에 부족은 모계 혈족에 따른 집단인 씨족으로 나뉘어 있었다. 이 씨족 내부에서의 결혼은 엄격하게 금지되었으므로, 남자들은 아내를 부족 내에서 얻을 수 있고 또 통상적으로 그렇게 했지만 반드시 자신의 씨족 외부에서 얻어야만 했다. 따라서 씨족에서는 엄격하게 족외혼을 했지만, 씨족들을 포괄하는 부족으로 보면 족내혼을 했다. 이로써 매클레넌이 인위적으로 만들어낸 가설은 마지막 잔재까지 완전히 처리되었다.

그러나 모건은 이것에 만족하지 않았다. 그는 더 나아가 아메리카 인디언 씨족에 대한 연구에서 두 번째 결정적인 진보를 이루었다. 그는 우리가 후기의 고대 문화 민족에서 보게 되는, 부권으로 조직된 씨족이 발전해오는 원형을 모권 씨족 내에서 발견했다. 모든 역사 서술가에게 지금까지 수수께끼였던 그리스와 로마의 씨족이 인디언 씨족을 통해 설명되었으며, 이와 함께 원시사 전체에 대한 새로운 토대가 발견되었다.

문화 민족의 부권적 씨족의 전前 단계로서 본원적인 모권적 씨족에 대한 이러한 재발견은 생물학에서 다윈C. R. Darwin의 진화론, 정치경제학에서 마르크스의 잉여가치론이 가지는 것과 동일한 의미를 원시사에서 가진다. 이러한 재발견을 통해 모건은 처음으로 가족사의 윤곽을 그려냈으며, 오늘날 알려진 자료들이 허용하는 한에서 가족사의 대체적인 고전적 발전 단계들을 확립했다. 이로써 원시사 연구의 새 시대가 시작되었다. 모권 씨족은 이 학문 전체를 움직이는 중심축이 되었다. 모권 씨족의 발견으로 사람들은 어떤 방향에서 무엇에 따라 연구해야 하고 연구한 것들을 어떻게 분류해야 하는지를 알게 되었다. 그리하여 모건의 책이 나오기 이전과는 판이하게 오늘날 이 영역에서는 급속한 진보가 이루어지고 있다.

모건의 발견은 오늘날 영국 선사학자들에 의해 보편적으로 인정받고 있고, 더욱이 그들은 모건의 발견을 자기 것으로 만들고 있다. 그러나 이러한 관점상의 혁명이 바로 모건 덕분이라는 점을 공개적으로 승인하는 사람은 거의 없다. 영국에서 그의 저서는 극도로 묵살되고 있으며, 모건 자체에 대해서도 이전의 업적을 마지못해 칭찬하는 것이 고작이다. 선사학자들은 그의 서술에서 단편적인 면들을 열심히 들쑤셔 필요한 것을 골라내면서도, 그가 이룩한 진정 위대한 발견들에 대해서는 고집스럽게 침묵으로 일관한다. 《고대 사회》의 원판은 품절되었다. 미국에서는 이런 종류의 책이 잘 팔리지 않는다. 영국에서 이 책은 조직적으로 억압받았던 것 같다. 아직 서점에서 유통되는 이 획기적인 책의 유일한 판본은 독일어 번역본이다.

이러한 냉대는 특히 우리의 존경받는 선사학자들의 저술 속에서 숱하게 볼 수 있는 단순한 예의상의 인용과 동료애의 증거를 생각할 때 계획된 묵살이라고밖에 볼 수 없다. 이러한 냉대는 어디에서 오는가? 아마도 모건이 미국인이고, 또 영국 선사학자들이 자료 수집에서는 최고로 인정받을 만한 노력을 기울였음에도, 자료를 배열하고 분류하는 보편타당한 관점, 요컨대 개념에서는 바호펜과 모건이라는 두 명의 천재적인 외국인에게 의존한다는 사실이 너무 괴롭기 때문인가? 독일인은 그래도 견딜 만하지만 미국인은 참을 수 없는가? 영국인은 미국인을 상대할 때 모두 애국자가 되는데, 나는 그런 우스꽝스러운 예를 실제로 미국에서 보았다.[7] 그러나 여기에는 또 다른 이유가 있다. 매클레넌은 이른바 관청이 임명한 영국 선사학파의 설립자이자 지도자였다는 것, 영아 살해에서 일처다부제와 약탈혼을 거쳐 모권 가족에 이르는 그의 인위적인 역사 구성에 대해서는 그저 지고의 경외심을 가지고 이야기하는 일이 선사학에서는 어느 정도 예의에 속했다는 것, 서로 완전히 배타적인 족외혼 '부족'과 족내혼 '부족'의 존재에 대해서는 조그만 의심을 가지는 것조차 불손한 이단으로 간주되었다는 것이다. 그런데 모건이 이런 신성화된 도그마를 연기처럼 사라지게 만들면서 일종의 신성모독을 범했다. 더욱이 그는 분명하게 언급하는 것만으로 즉각 깨닫게 되는 방식을 사용해 도그마를 해체했다. 그래서 그때까지 족외혼과 족내혼 사이에서 혼란스럽게 우왕좌왕하던 매클레넌 숭배자들은 거의 주먹으로 머리를 치면서 다음과 같이 외치지 않을 수 없었다. 어떻게 우리는 이토록 멍청한가, 이것을 그토록 오랫동안 발견하지 못하다니!

물론 이러한 신성모독은 관학파가 모건을 냉담하게 무시하는 일 이상으로 대응할 만큼 아주 큰 잘못은 아니었다고 할 수도 있다. 그러나 모건은 문명, 즉 현대 사회의 기본 형태인 상품 생산 사회를 푸리에Charles Fourier처럼 비판할 뿐만 아니라 이 사회의 개조에 대해서 마르크스처럼 말함으로써 도를 넘어섰다. 그래서 매클레넌이 격분하여 "그는 역사적 방법을 극도로 혐오한다"[8]고 모건을 비판한 것이나, 제네바의 지로 퇼롱 교수가 1884년에도 여전히 매클레넌의 말에 동의한 것은 아마도 당연한 일인지도 모른다. 그런데 지로 퇼롱은 1874년에도 여전히 매클레넌의 족외혼이라는 미궁 속에서 어쩔 줄 모르고 이리저리 헤매다가 모건 덕분에 비로소 해방된 바로 그 인물 아닌가!

원시사에서 모건 덕분에 이룩된 이 밖의 진보에 대해 여기에서 다룰 필요는 없다. 필요할 때마다 글 속에서 이에 대해 언급할 것이다. 그의 대표작이 발간된 지 14년이 흐르는 동안 인류의 원시 사회의 역사에 대한 자료는 매우 풍부해졌다. 인류학자, 여행가, 전문적인 선사학자 외에 비교법학자도 가세해 종종 새로운 소재와 관점을 제공했다. 이로 인해 모건의 몇 가지 가설이 흔들리거나 붕괴되기도 했다. 그러나 어느 경우에도 새로이 수집된 자료로 인해 그의 위대한 주요 관점이 다른 관점으로 대체되지는 않았다. 그가 원시사에 부여한 질서는 기본 특질에서 오늘날에도 여전히 타당하다. 오히려 이러한 위대한 진보를 이룬 장본인인 모건을 은폐할수록 그가 원시사에 부여한 질서는 더욱더 보편적인 인정을 받는다고 말할 수 있다.[9]

1891년 6월 16일 런던에서

프리드리히 엥겔스

제1장

선사 시대의 문화 단계들

모건은 전문적 지식을 가지고 인류의 선사 시대에 일정한 질서를 부여하려 한 최초의 인물이다. 그의 분류는 새로운 자료가 추가로 많이 발견되지 않는 한, 변경의 필요 없이 지속적으로 타당할 것이다.

야만, 미개, 문명이라는 세 단계 주요 시기 중, 모건은 처음의 두 시기와 세 번째 시기로의 이행을 연구한다. 그는 생활수단 생산의 진보에 따라 처음 두 시기를 각각 낮은 단계, 중간 단계, 높은 단계로 나눈다. 그 이유는 다음과 같다.

> 인류가 얼마만큼 우월성을 가지고 자연을 지배하는지를 결정하는 것은 생활 수단을 생산하는 데 있어서의 숙달의 정도다. 모든 생물 중에서 오로지 인간만이 어떤 조건에서도 식량 생산을 지배하기에 이르렀다. 인류가 진보를 이룬 모든 위대한 시기는 생존에 필요한 자원이 확대되는 시기와 어느 정도 직접적으로 일치한다.[10]

가족의 발전은 이와 병행하지만, 시기 구분을 할 만한 명확한 특징이 있지는 않다.

1. 야만

1. 낮은 단계. 인류의 유아기로서, 인류는 원초적 거주지인 열대나 아열대의 삼림 속에서 살았고, 일부는 나무 위에서도 살았다. 이것이 인류가 커다란 맹수들과 직면해서도 생존하게 된 이유다. 열매, 견과, 뿌리를 식량으로 삼았으며, 이 시기의 중요한 성과는 분절 언어artikulierte Sprache의 생성이다. 역사 시기에 살았다고 알려진 민족 가운데는 이런 원시 상태에 있었던 민족이 하나도 없다. 그리고 이 원시 상태는 아마도 수천 년 지속되었을 테지만, 이 상태를 증명할 만한 직접적인 증거는 없다. 그러나 인간의 조상이 동물이었음을 일단 인정한다면, 이러한 과도기를 가정하는 것이 당연하다.

2. 중간 단계. 물고기(갑각류, 조개류와 그 밖의 물에서 서식하는 동물이 포함된다)를 식량으로 삼고 불을 사용하면서 시작된다. 이 두 가지는 서로 연관되는데, 불이 있어야만 비로소 물고기를 식량으로 온전히 이용할 수 있기 때문이다. 인류는 바로 이 새로운 식량을 이용하면서 기후와 장소에 의존하지

않게 되었다. 인류는 야만 상태에서도 큰 강과 해변을 따라서 지구상 대부분의 지역에 퍼져 살았다. 구석기 시대의 조잡하게 만들어진 연마되지 않은 돌연장은 모든 대륙에 걸쳐 분포되어 있는데, 이는 이 같은 이동을 증명한다. 마찰을 이용한 불의 사용과 더불어 새로이 점령된 지역과 끊임없이 발동하는 발견 욕구는 새로운 식품을 발견하는 결과를 낳았다. 인류는 전분을 많이 가진 뿌리와 덩이줄기들을 뜨거운 재나 흙화덕에 넣어 구웠으며, 최초의 무기인 몽둥이와 창을 발명해 때때로 들짐승을 보충 식품으로 먹었다. 책에서 묘사하는 것과 같은 온전한 수렵 민족, 즉 '오로지' 수렵으로만 식량을 해결하는 민족은 결코 존재한 적이 없었다. 그러기에는 수렵으로 얻는 수확물은 너무도 불확실하다. 식량 자원이 계속 불확실했기 때문에 이 단계에서 식인食人이 발생한 듯한데, 이는 그 후 오랫동안 유지된다. 오스트레일리아인과 많은 폴리네시아인은 오늘날에도 여전히 이러한 야만의 중간 단계에 머물러 있다.

3. 높은 단계. 활과 화살의 발명과 더불어 시작되는데, 이로써 들짐승이 일상 식품이 되고, 수렵은 정상적인 노동의 한 부분이 된다. 활과 활시위, 화살은 상당히 복합적인 도구로서, 이것의 발명은 오랫동안 축적된 경험과 정신적 능력의 연마를 전제한다. 따라서 기타 여러 발명도 이와 동시에 확

보되었음을 알 수 있다. 활과 화살은 만들지만 아직 토기는 제조(모건은 이 점을 미개로 이행하는 시초로 본다)하지 못하는 종족을 살펴보면, 실제로 이미 촌락 형태의 정착 생활을 했던 몇 가지 단초와 생계를 위한 어느 정도의 숙달된 생산, 목제 용기와 도구, 나무 속껍질로 (직기 없이) 만든 직물, 나무 속껍질이나 갈대로 짠 바구니, 연마된 (신석기 시대의) 석기가 발견된다. 또한 이미 통나무배를 만드는 데 불과 돌도끼가 일반적으로 사용되었고, 집을 짓는 데 각목과 널빤지가 부분적으로 이용되었다. 예컨대 활과 화살은 알지만 토기는 제조할 줄 몰랐던 북서아메리카 인디언에게서 이러한 진보를 찾아볼 수 있다. 야만 시대의 활과 화살은 미개 시대의 철검, 문명 시대의 총포에 비견되는 결정적인 무기였다.

2. 미개

1. 낮은 단계. 미개의 낮은 단계는 토기를 제조하게 되면서 시작된다. 토기 제조는 엮어서 만든 그릇이나 목제 용기가 불을 견뎌내도록 진흙으로 덧바른 것에서 시작되었고, 도처에서 토기 제조의 흔적이 보인다. 곧이어 진흙이 굳어서 형태를 갖추면 진흙 내부에 용기가 없어도 사용 가능하다는 점을 발견했다.

지금까지의 발전 과정은 매우 일반적으로 고찰할 수 있다. 즉 지역에 상관없이 일정한 시기의 모든 종족에게서 발견할 수 있다. 그러나 미개 시기에 들면 거대한 두 대륙 간의 자연적 조건 차이가 효력을 나타내기 시작한다. 미개 시대의 특징은 동물을 길들이고 사육하며 식물을 재배하는 것이다. 동쪽 대륙인 이른바 구대륙에는 길들이기에 적합한 동물이 거의 전부 있었고, 곡물도 한 가지를 제외하고는 모두 재배할 수 있었다. 그러나 서쪽 대륙인 아메리카에는 길들일 만한 포유동물이 오직 라마뿐이었는데, 그것도 남아메리카 일부에만 있었다. 재배할 만한 곡물도 단 한 가지뿐이었지만, 최고로 작황이 좋은 곡물인 옥수수였다. 이러한 자연 조건의 차이로 이때부터 두 반구의 주민은 다른 길을 걷게 되며, 각 발전 단계를 구분 짓는 경계도 달라진다.

2. 중간 단계. 동쪽 대륙에서는 가축을 길들이는 것에서 시작하며, 서쪽 대륙에서는 관개를 이용해 식용 작물을 재배하고 아도브[11]와 돌을 가옥에 사용하는 것에서 시작한다.

서쪽 대륙을 먼저 다루자. 왜냐하면 유럽인이 정복할 때까지 이 대륙의 어떤 지역도 이 중간 단계를 벗어나지 못했기 때문이다.

미개의 낮은 단계에 있던 인디언(미시시피 강 동부의 인디언은 모두 이 단계에 있었다)은 유럽인에게 발견될 당시에 이미 옥수수와 호박, 참외 등의 채소를 채마밭에서 재배하는 기술을 어느 정도 가지고 있었는데, 이것은 그들에게 매우 중요한 식량원이었다. 그들은 울타리를 두른 마을의 목조 가옥에 살았다. 서북 지역의 종족, 특히 콜롬비아 강 유역에 살았던 종족은 아직도 야만의 높은 단계에 있었으며, 토기를 제조하거나 식물을 재배할 줄 몰랐다. 이에 반해 뉴멕시코에 사는 이른바 푸에블로Pueblo 인디언[12]과 멕시코인, 중앙아메리카인과 페루인은 정복될 당시 미개의 중간 단계에 있었다. 그들은 아도브나 돌로 지은 성곽 비슷한 가옥에서 살았으며, 관개를 한 채마밭에서 주요 식량원으로 옥수수를 재배하고 장소와 기후에 따라 여러 가지 식용 작물을 재배했다. 몇몇 동물을 길들이기도 했다—멕시코인은 칠면조와 기타 조류를, 페루인은 라마를 길들였다. 이 밖에 그들은 금속을 가공할 줄 알았다—철은 제외되었는데, 즉 철을 다룰 줄 몰랐기 때문에 그들은 여전히 돌로 된 무기와 연장을 사용할 수밖에 없었다. 그 후 스페인의 정복으로 이 이상의 독자적인 발전은 중단되었다.

동쪽 대륙에서 미개의 중간 단계는 젖과 고기를 주는 동물을 길들이는 것에서 시작되었다. 그러나 이 시기가 오래 흐를 때까지도 여전히 작물을 재배할 줄 몰랐던 것 같다. 아리아인과 셈인은 가축을 길들이고 사육해 제법 큰 가축 떼를 이루었는데, 이것이 아리안인과 셈인을 다른 미개인 무리와 구분하는 계기가 된다. 유럽의 아리아인과 아시아의 아리아인은 아직도 가축 이름에 대해 공통적인 명칭을 가지고 있지만, 재배 작물의 이름에 대해서는 거의 그렇지 않다.

가축 떼가 형성됨에 따라 적당한 지역에서 유목 생활이 이루어졌다. 셈인은 유프라테스 강과 티그리스 강의 초원에서, 아리아인은 인도, 옥수스, 약사르테스, 그리고 돈 강과 드네프르 강의 초원에서 유목 생활을 했다. 그들은 이런 목초 지대 주변에서 처음으로 가축을 길들였을 것이다. 그래서 후세 사람은 유목 민족이 인류의 발상지와는 멀리 떨어진, 인류의 야만 시기나 미개의 낮은 단계 사람조차 살기 어려운 지역에서 유래했다고 생각하게 된 것 같다. 그러나 실제로는 그 반대다. 미개의 중간 단계에 있던 이 미개인들은 일단 유목 생활에 익숙해진 뒤에는, 풀이 많은 하천 유역의 평원을 버리고 선조들이 살았던 삼림 지대로 자진해서 되돌아가는 일은 꿈에도 생각하지 않았을 것이다. 그렇기 때문에 셈인과 아리아인은 북쪽이나 서쪽으로 멀리 이동하게 되었을 때도, 서아시아나 유럽의 삼림 지역으로는 이동하지 못했다. 이것은 그들이 곡물을 재배하여 삼림 지역처럼 척박한 토지에서도 가축을 사육할 수 있고, 특히 겨울을 날 수 있는 능력을 가질 때라야 가능한 일이었다. 삼림 지역에서의 곡물 재배는 우선적으로 가축 사료로 쓰기 위해서였고, 인간이 식량으로 삼게 된 시기는 그 이후라고 보아야 정확할 것이다.

아리아인과 셈인이 육류와 우유를 풍족하게 섭취함으로써, 특히 아이들의 성장에 풍부한 영양을 준 점이 아마도 이 두 인종이 뛰어난 발전을 이룬 원인일 것이다. 뉴멕시코의 푸에블로 인디언은 거의 채식만 했는데, 육류와 생선을 많이 먹은 미개의 낮은 단계 인디언보다 뇌가 작았다. 어쨌든 이 단계에서 식인이 점차 사라지고 단지 종교적 행위로서만, 또는 이와 유사한 주술 수단으로서만 남게 된다.

3. 높은 단계. 철광석을 제련하는 것에서 시작되며, 문자를 발명하고 이를 문헌 기록에 사용하여 문명으로 이행한다. 이미 말한 바와 같이 이 단계는 지구의 동쪽 반구에서만 독자적으로 진행된다. 이 단계에서 이루어진 생산의 진보는 그 이전 단계들을 모두 합친 것보다 더 풍부하다. 영웅 시대의 그리스인, 로마가 건설되기 직전의 이탈리아 부족, 타키투스가 서술한 게르만인, 바이킹 시대의 노르만인이 이 단계에 속한다.

이 단계에서 제일 먼저 보게 되는 것은 가축이 끄는, 철로 만든 쟁기날이다. 이 쟁기날로 인해 대규모의 농업 즉 '농경'이 가능해졌다. 이로 인해 당시로서는 사실상 무한하다고 할 만큼 생활 수단을 증대시키는 일이 가능해졌다. 또한 삼림을 개간해 경작지와 목초지로 바꾸는 일도 가능해졌다. 철도끼와 철삽이 있었기에 이런 대규모 삼림 개간이 가능했다. 인구도 급격히 증가해서 사람들이 좁은 지역에 밀집해서 살게 되었다. 50만 명의 사람들이 단일한 중앙 관리 아래에 모여 사는 일은 농경 시기 이전에는 극히 예외적인 상태였고, 아마도 농경이 시작되지 않았더라면 이런 일은 결코 일어나지 않았을 것이다.

미개의 높은 단계의 최고 전성기는 호메로스Homeros의 서사시, 특히《일리아드*Ilias*》[13]에서 찾아볼 수 있다. 발전된 철기, 풀무나 손절구, 도기를 만드는 회전판, 식용유와 포도주 제조, 공예 수준에 육박하는 금속 가공, 수레와 전차戰車, 각목과 널빤지를 사용한 선박 제조, 예술로서 건축의 시작, 탑과 뾰족한 성벽으로 둘러싸인 도시, 호메로스의 서사시와 온갖 신화—바로 이러한 것들이 미개 시기에 살던 그리스인이 문명에 넘겨준 주요 유산이다. 이것을 카이사르와 타키투스가 묘사하는, 같은 문화 단계의 초기—호메로스 시대의 그리스는 이 단계에서 한층 더 높은 문화 단계로 막 넘어가려는 시점에 있었다—에 있던 게르만인의 상태와 비교하면, 미개의 높은 단계에서 생산의 발전이 얼마나 왕성하게 이루어졌는지 알 수 있다.

지금까지 나는 모건을 좇아 야만과 미개를 거쳐 문명의 시작까지 인류의 발전을 대략 그려보았다. 여기에는 이미 새로운 특징이 많이 있지만, 이에 대해서는 논쟁의 여지가 없다. 왜냐하면 이것은 바로 생산에서 나온 특성들이기 때문이다.

그럼에도 우리가 여행을 끝냈을 때 펼쳐지게 될 그림과 비교한다면 이 그림은 빈약하고 보잘것없는 것으로 보일 것이다. 그제야 비로소 미개에서 문명으로의 이행, 두 시기 간의 뚜렷한 대립이 완전히 밝혀질 것이다. 우선은 모건의 구분을 다음과 같이 일반화할 수 있다. 야만은 주로 자연이 만들어놓은 산물Naturprodukte을 획득하던 시기이며, 인간이 만든 생산물Kunstprodukte은 자연의 산물을 획득하기 위한 보조 도구였다. 미개는 목축과 농경으로 생계를 이어가던 시기인데, 인간이 활동을 통해서 자연의 산물 생산을 증대하는 방법을 습득하던 시기다. 문명은 자연의 산물을 그 이상으로 가공하기를 습득하던 시기로서 본질적인 의미에서 공업과 기술의 시기다.

제2장

가족

모건은 생애의 대부분을 지금도 여전히 뉴욕 주에 거주하는 이로쿼이인과 보냈다. 그는 한 부족(세네카 부족)에 양자로 입양되었는데, 이로쿼이인 사이에서 실제 가족 관계와는 모순되는 친족 체계가 통용되는 사실을 발견했다. 바로 모건이 '대우혼 가족對偶婚家族'이라고 표현한, 단혼이 지배적이지만 쌍방이 쉽게 이혼할 수 있는 혼인 형태였다. 모든 사람이 대우혼 부부의 자녀들을 알았고 또 모두가 이들을 인정했다. 누구에게 아버지, 어머니, 아들, 딸, 형제, 자매라는 호칭이 사용되어야 하는지와 관련해서는 어떤 의심도 있을 수 없었다. 그러나 이러한 표현들이 실제로는 모순되게 사용되었다. 이로쿼이인 남자는 자신의 친자녀뿐만 아니라 자기 형제의 자녀들도 아들딸이라고 부르며, 이 아이들 역시 그를 아버지라고 부른다. 이에 반해 자매의 아이들은 조카라 부르며, 이 아이들은 그를 아저씨라고 부른다. 거꾸로 이로쿼이인 여자는 친자식 외에 자매의 자식들을 아들딸이라고 부르며, 이 아이들도 그녀를 어머니라고 부른다. 그러나 그녀는 남자 형제들의 자녀들을 조카라고 부르며, 이 아이들은 그녀를 아주머니로 부른다. 마찬가지로 형제의 자녀들끼리는 서로를 형제 또는 자매로 부르며, 자매의 아이들도 서로를 형제 또는 자매로 부른다. 한 여자의 자녀들과 그녀의 남자 형제의 자녀들은 서로를 종형제 또는 종자매로 부른다. 이것은 단순히 형식적인 호칭이 아니라 혈연 관계의 멀고 가까움, 같은 항렬인지 아닌지에 대해 실제로 유효성 있는 관념의 표현이다. 또한 이러한 관념은 개개인의 서로 다른 수백 가지 친족 관계를 표현할 수 있는 완성된 친족 체계의 기초로 사용된다. 이것만이 아니다. 이 체계는 모든 아메리카 인디언 사이에서 전면적으로 지켜질 뿐 아니라(지금까지 단 하나의 예외도 발견되지 않았다) 인도의 원주민인 데칸의 드라비다 부족과 힌두스탄의 가우라 부족에게도 거의 똑같은 체계가 잡혀 있다. 인도 남부에 사는 타밀인의 친족 관계에 대한 표현과 뉴욕 주에 사는 세네카-이로쿼이인의 친족 관계에 대한 표현은 지금도 여전히 서로 다른 200종 이상의 관계에 대해 일치한다. 아메리카 인디언과 마찬가지로 이 인도 부족의 경우에도 그들의 가족 형태에서 생겨난 친족 관계가 친족 체계와 모순된다.

그렇다면 이것을 어떻게 설명해야 하는가? 모든 야만과 미개 종족에게 친족 관계가 사회 질서에서 결정적인 역할을 한다는 점을 고려할 때, 이처럼 널리 퍼져 있는 친족 체계가 의미하는 바를 내용 없는 빈말로 슬쩍 넘어갈 수는 없다. 이러한 체계는 아메리카에서 일반적인 현상이며, 아시아에서 상이한 인종의 민족들 사이에도 똑같이 존재하고, 약간 변형된 형태지만 아프리카와 오스트레일리아에도 현존한다. 이 체계에 대해서는 당연히 역사적인 설명이 필요하다. 매클레넌[14]처럼 슬쩍 무시하려 해서는 안 된다. 아버지, 자녀, 형제, 자매와 같은 호칭은 단순한 호칭이 아니라 극히 명확한 의미로 서로에 대한 진실한 의무를 담고 있으며, 이 의무의 총체가 야만과 미개 종족의 사회 제도에서 본질적인 부분을 형성한다. 그리고 우리는 이것을 설명할 수 있다. 샌드위치 군도(하와이)에는 금세기 전반에도 아메리카와 고대 인도식 친족 체계가 보여준 것과 똑같은, 아버지들과 어머니들, 형제들과 자매들, 아들들과 딸들, 아저씨들과 아주머니들, 남녀 조카들을 보여주는 가족 형태가 존재했다. 그런데 참으로 이상하다! 하와이의 친족 체계 역시 그곳에 실제로 존재하는 가족 형태와 일치하지 않았다. 그곳에서는 이른바 모든 사촌이 예외 없이 서로 형제와 자매인데, 이들은 자기 어머니와 어머니 자매의 공동 자녀 혹은 자기 아버지와 아버지 형제의 공동 자녀로 여겨졌음은 물론이고, 부모의 형제든 자매든 가리지 않고 모두에게 공동 자녀로 받아들여졌다. 따라서 아메리카의 친족 체계가 아메리카에는 더 이상 존재하지 않지만 하와이에서 아직도 존재하는 더 원시적인 가족 형태를 전제한다고 보면, 하와이식 친족 체계는 그보다 더 원시적인 가족 형태가 있었음을 보여준다. 그러한 가족 형태가 존재했다는 증거를 찾기는 어렵지만, 그러나 존재했음이 분명하다. 만약 존재하지 않았다면 그에 상응하는 친족 체계가 나타나지 않았을 것이기 때문이다. 모건은 다음과 같이 말한다.

> 가족은 능동적인 요소다. 가족은 결코 정체되어 있지 않으며, 사회가 낮은 단계에서 높은 단계로 발전하는 것과 비례해서 가족도 낮은 형태에서 높은 형태로 진보한다. 이에 반해 친족 체계는 수동적이다. 친족 체계는 오랜 시간이 지나야만 가족이 이룬 진보를 기록하며, 가족이 근본적으로 변화한 뒤에야 비로소 근본적인 변화를 겪는다.[15]

마르크스는 다음과 같이 덧붙인다. '정치, 법률, 종교, 철학 체계도 그와 똑같다.' 친족 체계는 가족이 계속 존재하는 동안 굳어지고, 그 친족 체계가 관습으로 존속하는 동안에 가족은 성장해 기존의 친족 체계로는 감당하기 어렵게 된다. 그러나 퀴비에G. B. Cuvier가 파리에서 발견된 동물 해골의 마르주피알 뼈[16]가 유대류의 뼈이며 지금은 멸종한 유대류가 한때 살았다고 확실하게 추론했던 것과 같이, 우리는 역사적으로 전승된 친족 체계에서 지금은 사라졌지만 이 체계에 상응한 가족 형태가 존재했음을 추론할 수 있다.

지금까지 언급한 친족 체계와 가족 형태는 각각의 아이들이 여러 명의 아버지와 어머니를 가진다는 점에서 오늘날의 지배적인 친족 체계와 가족 형태와는 다르다. 하와이식 가족은 아메리카식 친족 체계에 부합하는데, 아메리카식 친족 체계에서는 형제와 자매들이 동시에 한 아이의 아버지와 어머니가 될 수 없다. 그러나 하와이 친족 체계는 반대로 이것을 규칙으로 하는 가족을 전제한다. 여기에서 우리는 지금까지 보편적으로 타당하다고 인정된 가족 형태와 모순되는 일련의 가족 형태를 보게 된다. 지금까지의 관념으로는 그저 단혼이나 일부다처제, 일처다부제가 있었을 뿐이다. 그리고 실제 생활에서는 공적 사회가 요구하는 가족 형태의 경계를 슬그머니 또는 거리낌 없이 무시하며 위선적인 속물처럼 모른 척 침묵한다. 이에 반해 원시사에 대한 연구는 많은 남자가 다처제 생활을 했으며 동시에 여자들도 다부제 생활을 했고, 이에 따라 양측의 아이들은 그들 모두에게 공동의 아이로 인정되는 상태가 존재했음을 보여준다. 이 상태 또한 마침내 단혼으로 분해될 때까지 일련의 변화를 겪는다. 이 변화는 공동 부부의 유대가 포괄하는 범위가 처음에는 매우 광범위하다가 점점 좁아져서 결국은 오늘날 지배적인 일대일의 부부만이 남는 방식으로 일어난다.

모건은 이렇게 가족사를 거슬러 올라가면서 구성하다가,

그의 동료 대부분과 견해를 같이하는 원시 상태에 이르게 된다. 여기에서는 모든 여자가 모든 남자에게 속하고, 마찬가지로 모든 남자가 모든 여자에게 속할 정도로 부족 내의 무제한적 성교가 일반적이었다. 이러한 원시 상태에 대한 논의는 이미 지난 세기부터 있었지만, 그저 일반적이고 상투적인 수준에 그쳤다. 바호펜은 처음으로 원시 상태를 진지하게 받아들이고 역사적·종교적 전통에서 이에 대한 흔적들을 찾았다. 이것은 그의 위대한 업적의 하나다.[17] 오늘날 우리가 알고 있는 바에 의하면, 그가 발견한 이러한 흔적들은 결코 무규율적 성교의 사회 단계가 아니라, 훨씬 이후의 형태인 군혼의 흔적이다. 앞에서 말한 것 같은 원시적 사회 단계는 실제로 존재했더라도 까마득히 먼 옛날이어서, 그것이 한때 존재했다는 직접적인 증거를 사회적 화석이라고 할 만한 야만인들에게서조차 찾아보기 어렵다. 그럼에도 이런 질문을 연구의 전면에 내세웠다는 점에 바호펜의 업적이 있다.[18]

최근에는 인류 성생활의 이러한 초기 단계를 부인하는 일이 유행처럼 되었다. 인류에게 '치욕'을 모면하게 해주고 싶은 것이다. 예컨대 이에 대한 직접적인 증거가 부족하다는 점을 내세우고, 다른 동물계의 사례를 근거로 제시한다. 르투르노C.-J.-M. Letourneau〔《결혼과 가족의 진화*L'évolution du mariage et de la famille*》(1888)〕는 다른 동물계에 대한 수많은 자료를 수집해서 동물계에서도 온전히 무규율적 성교는 낮은 단계에 속한다고 주장한다. 그러나 내가 이러한 사실에서 도출하는 결론은 그 증거들이 인류와 인류의 원시 시대 생활에 대해 아무것도 증명하지 못한다는 점이다. 척추동물의 경우 짝짓기가 상당 기간 지속되는 것은 생리학적 원인으로 충분히 설명되는데, 새들은 암컷이 알을 품고 있는 동안 수컷의 도움을 필요로 하기 때문이라는 것이다. 그러나 새들 사이의 엄격한 일부일처의 실례가 인류에 대해서는 아무것도 증명해주지 못한다. 왜냐하면 인류는 조류에서 진화하지 않았기 때문이다. 또 엄격한 일부일처제가 최고의 미덕이라면, 그 영광은 촌충에게 돌아가야 한다. 촌충은 50개에서 200개에 이르는 편절片節 내지는 몸마디마다 각각 완벽한 자웅생식기를 가지고 있어, 마디 하나하나가 자기교미를 하며 전 생애를 보낸다. 그러나 포유동물만으로 국한해보면, 무규율적 성교, 유사 군혼, 일부다처제, 단혼제 등 모든 형태의 성생활이 발견된다. 일처다부제만이 없는데, 이것은 오로지 인간에게만 존재했다. 우리와 가장 가까운 친척인 네발짐승조차 수컷과 암컷의 결합이 극히 다양하다. 그리고 보다 범위를 좁혀서 네 종류의 유인원만 살펴봐도 그렇다. 르투르노는 유인원이 때로는 일부일처제로, 때로는 일부다처제로 생활했다고 말한다. 이에 반해 지로 퇼롱에 따르면, 소쉬르Henri de Saussure는 유인원이 일부일처제를 가지고 있었다고 주장한다.[19] 또한 최근에 웨스터마크E. A. Westermarck(《인류의 결혼 역사*The History of Human marriage*》(London, 1891)〕는 유인원이 일부일처제 생활을 했다고 주장하나 이 역시 증거가 되기에는 역부족이다. 요컨대 이러한 보고들은 정직한 르투르노가 다음처럼 인정한 것과 같다.

> 그 밖의 포유동물의 경우, 지능의 발전 정도와 성교 형태 사이에는 어떤 엄밀한 관계가 전혀 없다.[20]

또한 에스피나스A.-V. Espinas〔《동물 사회*Des sociétés animales*》(1877)〕는 솔직하게 다음과 같이 말한다.

> 무리는 동물에게서 보게 되는 최고의 사회 집단이다. 그래서 무리는 가족을 이루는 것처럼 보이지만, 가족과 무리는 이미 처음부터 적대적이며, 이 둘의 발전은 반비례한다.[21]

이미 앞에서 살펴보았듯이, 우리가 유인원의 가족 집단과 기타 사회 집단에 대해 확실히 아는 것은 아무것도 없는 것과 마찬가지다. 이에 대한 보고들도 서로 직접 모순되는 점이 많다. 이는 놀라운 일이 아니다. 야만인 부족에 관해 우리가 들은 보고들은 얼마나 모순으로 가득 차 있고, 얼마나 많은 비판적 검토와 선별이 필요한지 모른다. 원숭이 사회는 인간 사회보다 훨씬 더 관찰하기 어렵다. 따라서 당분간 우리는 믿기 어려운 보고들에 기초해서 이끌어낸 결론을 일체 거부해야만 한다.

이에 반해 앞에서 인용한 에스피나스의 명제는 우리에게 보다 좋은 실마리를 제공한다. 고등 동물의 경우, 무리와 가족은 서로 보완적이지 않고 오히려 대립적이다. 에스피나스는 교미기에 수컷 간의 질투가 어떻게 사회적 무리를 약화시키거나 일시적으로 해체시키는지 매우 잘 묘사한다.

> 가족이 긴밀하게 결합되어 있는 곳에서는 매우 드물게 예외적으로만 무리가 형성된다. 이에 반해 자유 성교나 일부다처제가 지배적인 곳에서는 거의 저절로 무리가 생겨난다……무리가 생겨나기 위해서는 가족적 유대가 약화되고 개체가 다시금 자유롭게 되어야만 한다. 그러므로 조류에게서는 조직적인 무리가 매우 드물게 발견된다……이와 달리 포유동물의 경우에는 어느 정도 조직적인 사회가 발견되는데, 여기에서는 개체가 가족에 통합되어 소멸되지 않기 때문이다……그러므로 무리로서의 공동 감정이 나타나는 데 가장 커다란 적은 가족적 공동 감정이다. 단도직입적으로 만약 가족보다 높은 수준으로 발전한 사회 형태가 있다면, 이는 가족이 근본적인 변화를 겪고 이러한 가족을 그 사회 형태가 흡수함으로써만 일어날 수 있다. 그러나 이런 변화는 이후에 극도로 유리한 상황에서 가족이 새로이 조직될 가능성을

배제하지는 않는다.(에스피나스, 《동물 사회》. 지로 튈롱, 《결혼과 가족의 기원*Les origines du mariage et de la famille*》(1884), 518~520쪽에서 재인용)

이상에서 동물 사회는 인간 사회를 유추하는 데 어느 정도 의미를 가지지만, 그것은 미미한 정도일 뿐임을 알 수 있다. 우리가 아는 한 고등 척추동물은 단지 두 가지 가족 형태를 가진다. 그것은 일부다처제나 개별적 대우 관계다. 이 두 가지 형태 모두 오직 한 마리의 성장한 수컷, 오직 한 명의 남편만을 허용한다. 수컷의 질투는 가족을 결속하는 동시에 가족을 제한하는 장애물이 되고, 이 질투가 동물 가족과 무리를 대립적으로 만든다. 수컷의 질투는 좀 더 발전된 군거 형태인 무리를 어떤 경우에는 불가능하게 만들고, 어떤 경우에는 느슨하게 하며, 교미기에는 무리를 해체하고, 영향이 가장 적은 경우라도 무리가 지속적으로 발전하는 것을 방해한다. 이것만으로도 동물의 가족과 인간의 원시 사회는 서로 일치하지 않으며, 동물 상태에서 막 벗어난 원시인은 가족을 전혀 몰랐거나 동물에게서는 찾아보기 어려운 가족을 가졌다는 사실이 충분히 증명된다. 인류가 형성되던 시기의 인간처럼 방어 능력이 없는 동물의 경우에 개별적인 대우 관계를 최고의 군거 형태로 하는 고립 상태에서도 소수는 살아남을 수 있었다. 웨스터마크는 사냥꾼들의 이야기를 들어 고릴라와 침팬지가 바로 그렇다고 말한다. 동물 상태에서 벗어나는 발전을 이루기 위해서는, 즉 자연계에서 나타나는 최대의 진보를 이루기 위해서는 또 다른 요인이 필요한데, 이는 개체가 갖는 불충분한 방어 능력을 무리의 단합된 힘과 협동으로 보완하는 것이다. 오늘날 유인원이 보여주는 생활 상태를 가지고서는 결코 인류로의 이행을 설명하기 어렵다. 오히려 유인원은 서서히 멸종해가고 몰락의 길을 걷는, 옆길로 샌 방계傍系라는 인상을 준다. 이런 사실만으로 우리는 유인원의 가족 형태와 원시인의 가족 형태를 비교해서 도출해낸 그 어떤 결론도 충분히 거부할 수 있다. 동물에서 인간으로의 진화는 비교적 크고 영속적인 집단 안에서만 가능하고, 이러한 집단을 형성하는 첫 번째 조건은 성숙한 수컷들이 서로 간에 관용을 보이는 것, 즉 질투에서 자유로워지는 것이었다. 역사적으로 부인하기 어려운 증거가 실제로 존재하고 오늘날에도 도처에서 연구되는, 가장 오래되고 본원적인 가족 형태는 무엇인가? 그것은 군혼, 즉 남자 집단 전체와 여자 집단 전체가 서로를 공동으로 소유하는, 질투의 여지가 거의 남지 않은 가족 형태다. 또한 좀 더 후기의 발전 단계에서 예외적인 형태로서 일처다부제를 보게 되는데, 이것은 진정으로 질투의 감정과는 어울리지 않기 때문에 동물계에서는 찾아보기 어렵다. 그러나 군혼의 형태는 매우 독특하게 얽힌 조건들을 함께 가지고 있다. 이는 필연적으로 이전 시기에 좀 더 단순한 성관계 형태들이 있었음을, 그래서 동물 상태에서 인간으로의 이행기에 상응하는 무규율적 성교 시기가 있었음을 암시한다. 그러므로 동물의 짝짓기를 언급하는 것은 결국 우리가 영원히 떠나야만 했던 바로 그 지점으로 우리를 다시 데려간다.

그렇다면 무규율적 성교란 무엇을 의미하는가? 그것은 오늘날, 또는 이전 시대에 성교에 가해진 금지의 장벽이 없음을 의미한다. 앞에서 살펴본 것처럼 이미 질투의 장벽은 무너졌다. 확실한 것은 질투는 비교적 나중에 발전된 감정이라는 것이다. 근친상간이라는 관념에 대해서도 똑같이 말할 수 있다. 형제와 자매는 본래 부부였으며, 오늘날에도 여전히 많은 민족에게서 부모와 자식 간의 성교가 허용된다. 밴크로프트H. H. Bancroft〔《북아메리카 태평양 연안 주들의 원주민 종족*The Native Races of the Pacific States of North America*》(1875)〕는 베링 해협 연안의 카비아트족, 알래스카의 카디악족, 영국령[22] 북아메리카 내륙의 틴네족 사이에 이런 관계가 있음을 증언한다. 르투르노는 치퍼웨이 인디언과 칠레의 쿠쿠족, 인도차이나의 카라이브족과 카렌족에 대해서도 똑같은 사실을 보고한다. 파르티아인과 페르시아인, 스키타이인, 훈족 등과 관련한 고대 그리스인과 로마인의 이야기는 말할 나위조차 없다. 근친상간이 발명(근친상간은 하나의 발명이며, 그것도 극도로 가치 있는 발명이다)되기 전에 부모와 자식 간의 성교는 다른 세대에 속하는 사람들 간의 성교에 비해 끔찍하게 놀라운 일이 아니었다. 사실 그것은 오늘날에도, 물론 지극히 속물스러운 나라들에서 별다른 문제 없이 이루어지고 있다. 간혹 예순이 넘은 늙은 처녀라도 재산이 많다면 서른 살쯤 된 남자와 결혼하는 경우가 있다. 그런데 우리가 아는 가장 원초적인 가족 형태에서 이와 연결될 만한 근친상간에 대한 생각—이는 우리가 가지고 있는 생각과는 전혀 다르며, 종종 이와는 곧바로 모순된다—을 떨쳐버린다면, 그것은 그저 무규율적인 성교 형태일 뿐이다. 이 성교 형태가 무규율적이라는 것은 나중에 관습을 통해 만들어질 제한이 당시에는 존재하지 않았기 때문이다. 그렇다고 일상생활에서 이로 인해 난잡한 혼란이 일어났던 것은 결코 아니다. 군혼에서조차 일시적인 개별적 대우 관계가 대부분이었던 것처럼, 여기에서도 일시적인 개별적 대우 관계가 배제되지 않았다. 그런데 이러한 원시 상태를 부정하는 가장 최근의 인물인 웨스터마크는 아이가 태어날 때까지 남녀가 대우 관계를 유지하는 상태를 모두 혼인으로 표현한다. 이런 종류의 혼인은 무규율적 성교 상태에서 무규율, 즉 성교에 대해 관습적으로 만들어진 제한이 없다는 전제와 모순되지 않으므로 충분히 존재할 만했다고 말해야 할 것이다. 물론 웨스터마크는 다음의 관점에서 출발한다.

무규율은 개인적인 애정을 억압하는 것을 포함한다. 따라서 매음은 무규율의 가장 순수한 형태다.[23]

오히려 내가 보기에 사람들이 매음굴이라는 안경을 통해서 원시 상태를 바라보는 한, 원시 상태에 대해 아무것도 이해하지 못할 것이다. 이 문제는 군혼을 이야기할 때 다시 다룰 것이다.

모건에 의하면, 이러한 무규율적 성교의 원시 상태에서 다음과 같은 가족 형태가 매우 일찍부터 발전했다.

1. 혈연 가족Die Blutsverwandtschaftsfamilie, 가족의 첫째 단계. 여기에서는 혼인 집단이 세대별로 나눠진다. 가족의 범위 내에 있는 모든 할아버지와 할머니는 전부 서로 남편과 아내이며, 이들의 자식인 아버지와 어머니의 경우도 마찬가지다. 이들의 자식이 공동 부부로서 제3집단을 형성하며, 제3집단의 자식인 제1세대의 증손은 제4집단을 형성한다. 그러므로 이와 같은 가족 형태에서는 단지 선대와 후대 간에서만, 즉 부모와 자식 간에서만 결혼 권리와 의무(우리가 쓰는 용어로)가 배제된다. 친형제와 친자매, 사촌형제와 사촌자매, 육촌이나 그 이상의 촌수들 모두 서로 형제와 자매이며, 바로 그렇기 때문에 서로의 남편과 아내다. 이 단계는 형제와 자매의 관계에서 성교 행위를 당연하게 받아들인다.[24] 이러

한 가족의 전형적인 모습은 한 쌍의 부부의 자손들로 이루어질 것이며, 다음 세대의 자손들 각각은 다시금 서로가 형제와 자매이며, 바로 그렇기 때문에 서로 남편과 아내가 된다.

혈연 가족은 완전히 소멸했다. 역사가 전해주는 자연 그대로의 종족조차 혈연 가족의 존재를 입증할 만한 실례를 전혀 보여주지 못한다. 그러나 폴리네시아 전역에서 지금도 유지되는 혈연 촌수의 표현과 이러한 가족 형태에서만 나타나는 하와이식 친족 체계를 보건대, 혈연 가족이 확실히 존재했음은 분명하다. 또한 그 후에 전개되는 가족의 발전에서 이러한 형태를 필수적인 선행 단계로 삼는다는 점에서도 혈연 가족의 존재를 인정할 수밖에 없다.

2. 푸날루아 가족Die Punaluafamilie. 가족 조직에서 이룩된 첫 번째 진보가 부모와 자식 간의 성교를 금지하는 일이었다면, 두 번째는 형제와 자매 간의 성교를 금지하는 일이었다. 이는 당사자들 간의 연령 차이가 크지 않기 때문에 첫 번째보다 훨씬 중요한 일이면서도 훨씬 어려웠다. 두 번째 진보는 서서히 일어났으며, 아마도 친남매(모계 쪽의) 간의 성교를 금지하면서 시작되었을 가능성이 높다. 처음에는 이것이 개별적인 현상이었다가 점차 규칙이 되어갔고(하와이에서는 금세기에도 아직 이러한 규칙에 대한 예외가 있었다), 마침내 방계 남매, 즉 우리의 표현에 따르면 사촌, 육촌, 팔촌 사이의

결혼이 금지되기에 이르렀을 것이다. 모건은 이러한 진보를 이렇게 평가한다.

> 자연도태의 원칙이 어떻게 작용했는지를 보여주는 훌륭한 실례다.[25]

이러한 진보에 의해 근친상간을 제한하게 된 부족이 남매간의 결혼을 계속 규칙과 계율로 삼은 부족보다 급속하고 완전하게 발전했음은 의문의 여지 없이 분명하다. 이러한 진보의 영향이 얼마나 강력하게 느껴졌는가는 이 진보의 직접적인 산물이며 또한 그 목적을 훨씬 뛰어넘는 씨족 제도로 입증된다. 씨족 제도는 지구상의 모든 미개 종족은 아닐지라도 대부분의 미개 종족이 사회 질서의 기초로 삼고 있으며, 그리스와 로마는 씨족 단계에서 곧바로 문명으로 이행하기도 했다.

모든 원시 가족은 두 세대를 지나면 분열해야 했다. 미개의 중간 단계까지 예외 없이 보편적이었던 원시 공산주의적 합동 세대는 조건에 따라 다르기는 하지만, 각 지역에서 대체로 일정하게 가족 공동체의 최대 규모를 규정했다. 한 어머니가 낳은 자식들 간의 성교를 금지하는 관습은 곧 옛 가족 공동체의 분열과 새로운 가족 공동체(그러나 이 공동체가 반드시 가족 집단과 일치하지는 않는다)의 형성에 영향을 미쳤다. 한 계열이나 여러 계열의 자매들이 한 가족 공동체의 핵심이 되고, 그들의 친형제들은 다른 가족 공동체의 핵심이 되었다. 이런 식으로 혹은 이와 유사한 방식으로 혈연 가족에서 모건이 푸날루아 가족이라고 부르는 가족 형태가 나타났다. 하와이의 관습에 의하면 친자매든 촌수가 먼(사촌, 육촌 또는 그 이상의 촌수) 자매든, 일정 수의 자매들은 그들의 공동 남편의 공동 아내였다. 그러나 그녀들의 형제들은 이 공동 남편에서 배제되었다. 이 남편들은 이제는 서로를 더 이상 형제라고 부르지 않았고, 그렇게 부를 필요도 없었다. 오히려 그들은 서로를 '푸날루아'라고 불렀는데, 이는 친밀한 동료, 말하자면 동반자를 뜻한다. 마찬가지로 한 계열의 친형제 또는 촌수가 먼 형제들도 그들의 자매들을 제외한 일정 수의 여자들과 공동 결혼 생활을 했는데, 이 아내들도 서로를 푸날루아라고 불렀다. 이것이 가족 구성의 고전적인 형태가 되었다. 후에 일련의 변동을 겪게 되지만 말이다. 이러한 가족 형태의 본질적인 특징은 일정한 범위 내에서 남편들과 아내들이 서로를 공유한다는 점이다. 그러나 이 가족 범위에서 아내들의 형제들, 즉 처음에는 친형제들이, 그리고 후에는 촌수가 먼 형제들이 배제되었으며, 남편들의 자매들이 배제되었다.

이러한 가족 형태는 아메리카식 친족 체계가 표현하듯이 가장 완전하고 정확한 촌수 관계를 나타낸다. 내 어머니의 자매들의 자식들은 여전히 내 어머니의 자식들이며, 마찬가지로 내 아버지의 형제들의 자식들은 내 아버지의 자식들로서, 모두 나의 형제자매다. 그러나 내 어머니의 형제들의 자식들은 이제 내 어머니의 조카들이며, 모두 나의 사촌이다. 왜냐하면 내 어머니의 자매들의 남편들은 여전히 내 어머니의 남편들이고, 마찬가지로 내 아버지의 형제들의 아내들은 또한 여전히 내 아버지의 아내들—사실상 반드시 그런 것은 아니지만 규칙상으로는 그러하다—이기 때문이다. 그래서 형제자매 간의 성교가 사회적으로 금지됨으로써 기존에는 차별 없이 형제자매로 인정되던 자식들이 두 부류로 구분되었다. 즉 한 부류는 이전과 마찬가지로 서로 (촌수가 먼) 형제자매지만, 다른 한 부류는 형제의 자식들과 자매의 자식들이 더 이상 형제자매가 아니다. 이들은 더 이상 공동의 부모를, 즉 아버지든 어머니든 또 둘 모두든 가질 수 없다. 따라서 여기에서 처음으로 종래의 가족 질서에서는 아무런 의미가 없던 조카와 사촌형제와 사촌자매라는 촌수가 필요하게 된다. 이렇게 단혼에 기초한 가족 형태를 보면, 불합리하게 보이는 아메리카식 친족 체계가 푸날루아 가족에 의해서 가장 세밀한 점까지 합리적이고 자연적인 근거를 얻게 된다. 이러한 친족 체계가 널리 보급되었던 만큼, 최소한 푸날루아 가족이나 이와 유사한 형태 역시 존재했음이 분명하다.

이전에 아메리카에 있었던 스페인 수도사들처럼, 경건한

선교사들이 이러한 비기독교적인 관계에서 단순한 '혐오'[26] 이상을 간파했다면, 하와이에 실제로 존재했음이 입증된 이러한 가족 형태는 아마 폴리네시아 전체에서도 증명되었을 것이다. 카이사르는 미개의 중간 단계에 있던 브리튼인에 대해 "그들은 열에서 열두 명의 아내를 서로 공유하며, 그것도 주로 형제들이 함께 그리고 부모들이 자식들과 함께 공유한다"[27]고 말한다—따라서 이것은 군혼으로 설명하는 것이 가장 타당하다. 미개 시대의 어머니들에게는 공동의 아내를 가질 만큼 충분히 성장한 아들이 열에서 열두 명씩 있기 어렵지만, 푸날루아 가족에 상응하는 아메리카식 친족 체계에는 많은 형제들이 있다. 왜냐하면 한 남자의 사촌이든 더 촌수가 먼 형제든 모두 그의 형제들이기 때문이다. "부모들이 자식들과 함께"라는 것은 아마도 카이사르의 오해일 것이다. 그렇지만 아메리카식 친족 체계에서 아버지와 아들, 혹은 어머니와 딸이 동일한 혼인 집단에 속하는 일이 완전히 불가능하지는 않다. 그러나 아버지와 딸, 혹은 어머니와 아들은 결코 동일한 혼인 집단에 속하지 못했을 것이다. 마찬가지로 이러한 혹은 이와 유사한 군혼 형태를 통해 헤로도토스Herodotos와 다른 고대 저술가들이 야만 민족과 미개 민족의 부인 공유에 대해 보고한 것을 쉽게 이해할 수 있다. 또한 아우드(갠지스 강 북부)의 티쿠르인에 관한 왓슨J. F. Watson과 케이J. W. Kaye 경의 다음과 같은 설명(《인도의 주민 *The People of India*》)도 그렇다고 볼 수 있다.

> 그들은 커다란 공동체 안에서 (성적으로) 거의 무차별적인 공동 생활을 하며, 두 사람이 서로 결혼했다고 인정되는 경우에도 그 유대는 그저 명목적인 것에 지나지 않는다.

씨족 제도는 대부분 푸날루아 가족에서 직접 발생한 것으로 보인다. 오스트레일리아의 분족分族 체제[28] 역시 푸날루아 가족의 출발점에 대해 시사하는 바가 있는데, 오스트레일리아인에게는 씨족은 있지만 푸날루아 가족은 없고 보다 조야한 군혼 형태가 있다.

어떠한 형태든지 군혼은 누가 아이의 아버지인지는 불분명하지만, 누가 아이의 어머니인지는 분명하다. 비록 그녀가 전체 가족의 모든 아이들을 자식이라고 부르고 모든 아이들에 대해 어머니로서의 의무를 지더라도, 그녀는 다른 아이들과 구분하여 친자식들을 안다. 그래서 군혼이 존재하는 한 오로지 어머니 쪽의 혈통만이 입증되며, 따라서 오로지 모계만이 인정된다. 이것은 실제로 모든 야만 종족에, 그리고 미개의 낮은 단계에 속하는 종족의 경우에 그랬다. 이 사실을 처음 발견한 것이 바로 바호펜의 두 번째 위대한 업적이다. 그는 이처럼 오로지 모계 혈통의 계승만을 인정하며, 시간이 지남에 따라 여기에서 발생하는 상속 관계를 모권이라고 불렀다. 나는 이 명칭이 간결해서 계속 사용하기는 하지만, 아직 이 사회 단계에서는 법적인 의미의 권리에 대해 말하기 어렵기 때문에 옳은 표현은 아니다.

이제 우리가 푸날루아 가족 중에서 두 개의 전형적인 집단 중의 하나, 특히 일군의 친자매와 방계(친자매에서 시작해서 사촌, 육촌 혹은 그 이상의 촌수) 자매 및 이들의 자식들과 어머니 편의 그녀들 친형제나 그 이상 촌수의 형제(이들은 우리의 전제에 의하면 그녀들의 남편이 아니다)를 함께 취한다면, 우리는 후에 씨족 제도의 원시적 형태에서 한 씨족의 구성원이 될 사람들의 범위를 정확히 알 수 있다. 그들은 공동의 시조가 되는 어머니를 하나 가지는데, 각 세대의 여자 후손은 이 시조모의 혈통을 이어 나왔기 때문에 모두 자매다. 그러나 이 자매들의 남편들은 더 이상 그녀들의 형제일 수 없으므로, 즉 시조모의 혈통을 이어받을 수 없으므로, 후에 씨족이 될 이 혈연 집단에 속하지 않는다. 그러나 그들의 자식들은 확실한 모계 혈통을 이었기 때문에 이 집단에 속한다. 형제와 자매 그리고 어머니 쪽의 가장 먼 방계 친족까지 포함한 집단에서 성교 금지가 확립되자마자, 집단은 씨족으로 전환했다. 즉 서로 결혼해서는 안 되는 모계 혈연자들의 공고한 집단이 형성되고, 이 집단은 이후 사회적 · 종교적 공동 제도에 의해 점점 더 강화되어 동일한 부족의 다른 씨족과 구별된다. 이에 대해서는 뒤에 상세히 이야기할 것이다. 그러나 푸날루아 가족에서 씨족으로의 발전이 필연적이었다는 점과, 씨족 제도를 가졌음을 입증할 만한 모든 민족, 요컨대 모든 미개 민족과 문명 민족이 한때 이러한 가족 형태를 가졌으리라는 점은 확신할 수 있다.

모건이 책을 쓰던 당시, 군혼에 대한 우리의 지식은 지극히 제한되었다. 분족으로 조직된 오스트레일리아인의 군혼에 대해 몇 가지가 알려져 있었고, 그 외에 1871년에 모건이 입수한 하와이 푸날루아 가족에 대한 보고 정도가 있었다.[29] 푸날루아 가족은 모건이 연구의 출발점으로 삼은 아메리카 인디언의 친족 체계를 완벽하게 설명해주었고, 한편으로는 모권 씨족의 기원을 알아내는 시발점이 되었다. 마지막으로 푸날루아 가족은 오스트레일리아 분족보다 훨씬 높은 발전 단계에 있었다. 따라서 푸날루아 가족을 대우혼에 필연적으로 선행하는 발전 단계로 파악하고, 과거에는 푸날루아 가족이 일반적인 가족 형태였으리라고 보는 모건의 생각은 자연스럽다. 이후 우리는 군혼의 다른 여러 형태를 알게 되어, 지금은 모건의 주장이 과장되었다는 점을 안다. 그러나 어쨌든 그는 운 좋게도 푸날루아 가족에서 군혼의 최고 형태이자 고전적인 형태, 즉 더 높은 형태로의 이행을 아주 간단하게 설명해주는 군혼 형태를 만났던 것이다.

군혼에 대한 우리의 지식이 근본적으로 풍부해진 것은 영국 선교사 피슨Lorimer Fison 덕분이다. 그는 이러한 가족 형태를 고전적 터전인 오스트레일리아에서 여러 해 동안 연구했다. 그는 이 가족 형태의 가장 낮은 발전 단계를 오스트레일리아 남부의 갬비어 산에 사는 오스트레일리아 흑인들 사이에서 발견했다. 이곳에서는 부족 전체가 두 개의 커다란 분족인 크로키와 쿠미테로 나뉘어 있고, 각 분족 내 성교는 엄격히 금지되어 있다. 한 분족의 남자는 태어날 때부터 다른 분족의 여자의 남편이고, 이 여자는 태어날 때부터 그의 아내다. 개인이 아니라 집단 전체가, 즉 분족과 분족이 서로 결혼한다. 주의해야 할 것은 여기서는 족외혼적인 두 개의 분족으로 분열된 것에 따른 제약을 제외하고는, 연령 차이라든지 혈연 관계로 인한 특별한 제한은 전혀 없었다는 점이다. 크로키 남자는 쿠미테 여자를 자신의 합법적인 아내로 삼는다. 그러나 그의 딸은 쿠미테 여자의 딸로서 모권에 의해 역시 쿠미테 사람이기 때문에, 딸은 태어날 때부터 그녀의 아버지를 포함하여 모든 크로키 남자의 아내다. 여하튼 우리가 아는 바에 따르면 이 분족 조직은 여기에 어떤 제한도 두지 않는다. 그러므로 이 조직은 근친상간을 제한하려는 경향이 어렴풋이 있었더라도 아직 부모와 자식 사이의 성교를 특별히 혐오스럽게 보지는 않던 시기에 나타났을 것이다—그렇다면 분족 체계는 무규율적 성교 상태에서 직접 생겨났을 것이다. 그렇지 않다면, 분족이 발생했을 때 이미 부모와 자식 간의 성교가 관습상 금지되어 있었거나—그렇다면 지금의 상태는 이전에 혈연 가족이 존재했음을 가리키며 또한 이 혈연 가족을 넘어서는 첫걸음이다—둘 중의 하나다. 후자의 경우가 더 개연성이 크다. 내가 아는 한, 부모와 자식 사이의 결혼 관계에 대한 실례는 오스트레일리아에서 이야기된 적이 없다. 또한 족외혼의 후기 형태인 모권적 씨족도 이러한 결혼 관계가 씨족이 성립하기 전부터 이미 일반적으로 존재했음을 암묵적으로 전제한다.

이러한 두 분족 제도는 남부 오스트레일리아의 갬비어 산 이외에 동쪽으로 멀리 떨어진 달링 강 유역과 북동부의 퀸스랜드에서도 똑같이 볼 수 있을 정도로 상당히 넓게 퍼져 있다. 이 제도는 오직 어머니 쪽으로만 형제와 자매 사이의 결혼, 형제의 자식들 사이의 결혼과 자매의 자식들 사이의 결혼을 금지한다. 왜냐하면 이들은 같은 분족에 속하기 때문이다. 이에 반해 자매의 자식들과 형제의 자식들은 결혼할 수 있다. 뉴사우스웨일스에 있는 달링 강의 카밀라로이인은 근친상간을 방지하는 한 발 더 나아간 조치를 보여준다. 여기에서는 본래의 두 분족이 네 개의 분족으로 나뉘고 네 분족은 또 각각 일정한 다른 한 분족과 일괄적으로 결혼한다. 처음의 두 분족은 서로 태어날 때부터 부부인데, 어머니가 제1분족에 속하는지 제2분족에 속하는지에 따라서 자식들은 제3분족이나 제4분족에 속하게 된다. 제3분족과 제4분족은 마찬가지로 서로 결혼할 수 있는데, 이 두 분족의 자식들은 다시금 제1분족과 제2분족에 속하게 된다. 그래서 항상 한 세대가 제1분족과 제2분족에 속하면 그다음 세대는 제3분족과 제4분족에 속하게 되고, 또 그다음 세대는 다시 제1분족과 제2분족에 속하게 된다. 이에 따라 (어머니 쪽의) 형제자매의 자식들은 부부가 되지 못하지만, 형제자매의 손자손녀들은 충분히 부부가 될 수 있다. 이처럼 독특하게 복잡한 제도는—어쨌든 보다 나중 시기의 일이지만—모권적 씨족이 그 위에 접목되면서 한층 더 복잡해지는데, 이에 대해서 여기에서 자세히 다루기는 어렵다. 이런 사례에서 보듯 근친상간을 방지하려는 충동이 몇 번이고 나타나지만, 명확한 목적의식 없이 완전히 자연발생적으로 더듬거리는 양상으로 나타난다.

군혼은 오스트레일리아에서는 아직 분족혼, 즉 종종 대륙 전체에 산재한 남자들의 한 분족 전체와 그만큼 널리 퍼진 여자들 분족의 집단적 결혼 생활로 나타나는데, 이 군혼은 자세히 보면 매음굴에 익숙한 속물들이 상상하는 것처럼 경악스럽지는 않다. 반대로 사람들이 군혼의 존재를 어렴풋이나마 알게 될 때까지는 오랜 세월이 걸렸으며, 아주 최근에 와서야 그것의 존재에 대한 논쟁이 다시 벌어지고 있다. 피상적으로 관찰하는 사람들에게 그것은 이따금 바람을 피우는 느슨한 단혼으로, 곳에 따라서는 일부다처제로 보인다. 실로 평범한 유럽인에게 오히려 익숙한 느낌을 주는 이러한 결혼 상태를 규정하는 법칙을 발견하려면 피슨과 호위트A. W. Howitt처럼 여기에 몇 년의 세월을 통째로 바쳐야만 한다. 이 법칙에 따르면 이방의 오스트레일리아 흑인은 고향에서 수천 킬로미터 떨어진 지역의 말도 통하지 않는 사람들 사이에서 종종 이곳에서 저곳으로, 부족을 옮겨 다니면서 반항적이거나 사납지 않고 순종적인 여자를 찾아낸다. 또한 이 법칙에 따르면 여러 명의 아내를 가진 남자는 아내 중의 하나를 손님에게 제공해 밤에 같이 자게 한다. 유럽인이 보기에 부도덕하고 규범이 없어 보이지만 실제로는 엄격한 규범으로 다스려진다. 여자들은 이방인의 혼인 분족에 속하며, 따라서 이 이방인의 태어날 때부터의 아내다. 그러나 이 둘을 서로 맺어주는 이 규범은 혼인 분족 외의 성교에 대해서는 추방의 형벌을 내림으로써 혼인 분족 외에서의 성교를 온전히 금지한다. 여자를 약탈하는 것은 종종 일어나는 일이며 일부 지역에서는 일상적인 일이지만, 이런 곳에서조차 분족의 법칙은 철저하게 엄수되었다.

그런데 이미 여자를 약탈한다는 것 자체가 적어도 대우혼 형태의 단혼으로 이행하는 기미를 보여준다. 젊은이가 친구들의 도움을 받아 처녀를 약탈하거나 유괴할 경우, 그들은 모두 차례로 그녀와 성교를 한다. 그러나 이후에는 약탈을 부추긴 젊은이의 아내로 여겨진다. 그런데 약탈된 여자가 그 남자에게서 도망쳐 다른 남자에게 붙잡힌다면, 그녀는 이 다른 남자의 아내가 되며 첫 번째 남자는 우선권을 잃는다. 그래서 전반적으로 존속하는 군혼의 형태와 더불어, 군혼의 내부에서는 길거나 짧은 기간의 대우 관계와 일부다처제처럼 배타적인 관계가 형성된다. 그러므로 이 경우에도 군혼은 서서히 사멸한다. 단지 문제는 유럽인의 영향하에서 어느 것이 먼저 무대에서 사라지는가, 즉 군혼인가 아니면 군혼을 지키는 오스트레일리아 흑인인가일 뿐이다.

어쨌든 오스트레일리아에 널리 퍼진 이런 분족 전체끼리의 결혼은 군혼의 극히 낮은 원시적 형태인 반면, 푸날루아 가족은 우리가 아는 한 군혼의 가장 높은 발전 단계다. 전자는 떠돌아다니는 야만인의 사회적 상태에 상응하는 형태고, 후자는 이미 상대적으로 안정적인 공산주의적 공동체가 정착된 것을 전제하며 곧 더 높은 다음의 발전 단계에 이른다. 또한 이 단계들 사이에 틀림없이 몇 가지 중간 단계가 발견될 것이다. 이에 대한 연구는 막 시작되었을 뿐 아직은 거의 내딛지 않은 분야다.

3. 대우혼 가족Die Paarungsfamilie. 오래 지속되든 짧게 지속되든 간에 어느 정도의 대우 관계는 이미 군혼하에서 혹은 그 전에 발생했다. 남자는 여러 명의 아내 중에서 본처(아직은 애처라고는 말하기 어렵다)를 가지고 있었으며, 그는 그녀의 남편들 중에서 가장 중요한 남편이었다. 이런 상황은 선교사

들을 혼란스럽게 했기 때문에 군혼은 때로는 무규율적인 아내 공유제로, 때로는 마구잡이식 간통으로 보였다. 그러나 관습이 된 대우 관계는 씨족이 발전하면 할수록, 그리고 결혼하지 못하는 '형제' 집단과 '자매' 집단의 수가 더 많아질수록 더욱 굳어질 수밖에 없었다. 씨족은 친족 간의 결혼을 방지하고자 했고 이런 의지는 더욱 커져갔다. 그래서 이로쿼이족과 미개의 낮은 단계에 속한 대부분의 인디언에게서는 친족 체계에 포함되는 모든 친족 사이의 결혼이 금지된다. 이 친족의 종류는 수백 가지가 된다. 결혼 금지가 이처럼 점점 더 복잡해짐에 따라 군혼은 더욱더 불가능해졌으며, 대우혼 가족에 의해 밀려나게 되었다. 이 단계에서 한 남자는 한 여자와 같이 산다. 그러나 남자들은 경제적인 이유로, 드물기는 했지만 여전히 일부다처제와 일시적인 외도의 권리를 가졌다. 반면에 대부분의 여자들은 동거가 지속되는 동안 철저하게 정조를 지키도록 요구받으며, 간통한 경우 끔찍한 처벌을 받았다. 그러나 결혼의 유대는 어느 쪽이나 쉽게 풀어버릴 수 있고, 아이들도 전과 마찬가지로 오로지 어머니에게만 속했다.

또한 이처럼 친족들이 결혼 관계에서 더욱 배제되는 과정에서도 자연도태는 계속 영향을 미치게 된다. 모건은 이렇게 말한다.

> 친족이 아닌 씨족들 사이의 결혼은 육체적으로나 정신적으로나 보다 강한 종족을 만들어냈다. 진보해가는 두 부족이 서로 섞이면서 새로운 두개골과 두뇌는 두 부족의 능력을 포괄할 때까지 자연스럽게 커졌다.[30]

그래서 씨족 제도를 가진 부족은 낙후된 부족에 대해 우위를 점하거나 자신의 선례를 따르도록 했음이 분명하다.

이렇게 볼 때 원시 역사에서 가족의 발전은 애초에는 부족 전체를 포괄하던 남녀의 결혼 공동체가 계속 좁아진다는 점과 맥을 같이한다. 처음에는 가까운 친족들이, 그리고 점점 더 먼 친족들이, 마지막으로는 결혼으로 인척 관계가 된 사람들까지 배제됨으로써 결국에는 어떤 종류의 군혼도 실제로 불가능해지고, 마침내 일정 기간 동안 느슨하게 결합되는 한 쌍만이 남게 된다. 이 한 쌍은 분해되면 결혼 자체가 종료되는 분자와 같다. 이것만으로도 오늘날의 의미에서 개별적 성애가 단혼의 발생과 얼마나 무관한지 알 수 있다. 더구나 이 단계에 있는 모든 종족의 관행이 이를 증명한다. 이전의 가족 형태에서 남자들은 결코 여자가 부족했던 적이 없었고 오히려 필요 이상으로 여자가 많았지만, 이제는 여자들이 드물어졌고 애써 찾아 구해야만 한다. 이에 따라 대우혼 이래로 여자에 대한 약탈과 구매가 시작되었다. 이것은 훨씬 더 깊은 곳에서 시작되는 변화가 널리 퍼지는 징후일 뿐,

그 이상은 아니었다. 이런 단순한 여자 조달 방법의 징후를 현학적인 스코틀랜드인 매클레넌은 '약탈혼'과 '매매혼'이라는 특수한 가족 부류로 둔갑시켰다. 또한 아메리카 인디언과 (같은 단계에 있는) 다른 종족의 경우 결혼은 결혼 당사자의 일이 아니라 그들의 어머니의 일이었고, 결혼 당사자의 의사는 아예 물어보지도 않는 일이 종종 있었다. 그래서 서로 전혀 알지 못하는 두 사람이 약혼을 하고 결혼 날짜가 임박해서야 비로소 '거래'가 이루어졌음을 알게 되는 경우가 종종 있었다. 결혼식 전에 신랑은 신부의 씨족 친족들(그녀의 아버지와 아버지 쪽 친족들이 아니라 어머니 쪽의 친족들)에게 예물을 보내는데, 이는 처녀를 양도해주는 것에 대한 구매 대금으로 여겨졌다. 결혼은 결혼한 두 사람 중 한 명의 의사에 따라 취소되었다. 그러나 점차 많은 부족에게서, 예들 들면 이로쿼이족 같은 경우, 이혼을 부정적으로 보는 여론이 형성되었다. 부부 간에 불화가 생기면 양측 씨족의 친족들이 중재에 나섰고, 중재가 실패하면 비로소 이혼하게 된다. 이혼을 하면 자식들은 아내에게 남겨지며, 양쪽 모두 자유로이 재혼한다.

대우혼 가족은 하나의 독자적인 세대를 요구하거나 바라기에는 그 자체가 너무 약하고 불안정했기 때문에, 이전부터 전승된 공산주의적 세대 구성을 결코 해체하지 못했다. 친아버지를 확실히 아는 일이 불가능한 경우에 오로지 친어머니만을 인정하는 일이 여성 곧 어머니에 대한 존경을 의미하는 것처럼, 공산주의적 세대는 가족 내 여성의 지배를 의미했다. 18세기 계몽주의에서 물려받은 지극히 불합리한 관념 가운데 하나는 사회 발전의 초기에 여성이 남성의 노예였다는 점이다. 모든 야만인 그리고 낮은 단계와 중간 단계의 미개인, 부분적으로는 높은 단계의 미개인들의 경우에도 여성은 자유로울 뿐 아니라, 존경받는 지위에 있었다. 대우혼에서도 그랬다는 것을 수년간 세네카-이로쿼이인 속에서 선교사 생활을 했던 라이트Arthur Wright가 증언해준다.

> 그들의 가족에 대해서 말하자면, 그들이 아직 오래된 긴 가옥(여러 가족으로 이루어진 공산주의적 세대)에 살았던 시기에……거기는 항상 어느 한 씨족이 지배했고, 그래서 여자들은 다른 씨족에서 남편을 구했다……일반적으로 여자 쪽이 집을 지배했고 저장품은 공유했다. 그러나 너무 게으르거나 재주가 없어 공동의 저장품에 자기 몫을 기여하지 못하는 불운한 남편이나 정부는 재난을 당한다……그가 아무리 많은 아이들을 가지고 있어도, 혹은 자신에게 속한 재산이 집에 아무리 많아도, 언제라도 봇짐을 꾸려 조용히 떠나라는 명령을 받아들일 각오를 하고 있어야 했다. 그는 감히 그 명령에 거역하고자 시도하지도 않았다. 집은 그에게 더 이상 견디기 어려운 곳이 되었기 때문에, 그는 자기의 본래 씨족으로 돌아가거나 대부분의 경우처럼 다른 씨족에서 새로운 결혼을 구하

는 일 외에는 별 도리가 없었다. 씨족들에서, 아니 그 밖의 어느 곳에서든 여자들은 큰 힘을 가졌다. 때로 그녀들은 추장을 파면하고, 졸병으로 강등시키는 일조차 대수롭지 않게 해치웠다.[31]

공산주의적 세대에서 여자들은 대부분 혹은 모두가 동일한 한 씨족에 속해 있지만, 남자들은 여러 씨족으로 나뉘어 있었고, 이는 원시 시대의 일반적 현상인 여성 지배의 물적 토대였다. 이것을 발견한 것이 바호펜의 세 번째 업적이다. 덧붙여 말하면 야만인과 미개인의 경우 여성이 과도한 노동을 부담했다는 여행가와 선교사 들의 보고는 앞에서 설명한 것과 전혀 모순되지 않는다. 양성 간의 노동 분업은 여성이 그 사회에서 가지는 지위와는 완전히 다른 원인에 의해 결정된다. 우리가 생각하는 것보다 훨씬 더 많은 노동을 여성이 해야만 하는 종족의 경우는 종종 우리 유럽인보다 여성에 대해 훨씬 더 진정한 존경심을 갖고 있다. 겉으로는 커다란 존경을 받지만 실제로는 전혀 노동을 하지 않는 문명 시대의 귀부인은 힘든 노동을 하는 미개 시대 여성보다 사회적 지위가 매우 낮다. 미개 시대의 힘든 노동을 하는 여성은 그녀의 종족에게 참된 귀부인(숙녀, 여주인)으로 여겨졌으며, 바로 그런 특성 때문에 귀부인이었다.

오늘날 아메리카에서 대우혼이 군혼을 완전히 대체했는

가 하는 문제는 아직도 야만의 높은 단계에 있는 서북부 지역 민족과 남아메리카 민족에 대한 보다 자세한 연구가 있어야 확실하게 해결될 것이다. 남아메리카 민족의 경우는 성적 방종을 보여주는 다양한 사례가 있는 것으로 보아 과거의 군혼이 완벽하게 극복되었다고 보기는 어렵다. 어쨌든 아직은 군혼의 흔적이 모두 사라지지는 않았다. 북아메리카의 적어도 40개 부족에서는 맏언니와 결혼한 남자는 그녀의 자매들이 나이가 차면 이들 모두를 아내로 삼을 권리를 가진다. 이것은 모든 자매가 남편들을 공유하던 관습의 잔재다. 밴크로프트의 설명에 따르면, 캘리포니아 반도의 주민(야만의 높은 단계)에게는 무차별적인 성교를 목적으로 여러 '부족들'이 함께 모이는 축제가 있다.[32] 이들은 씨족들이 분명한데, 한 씨족의 여자들이 다른 씨족의 남자들 모두를 공동의 남편으로 삼았고, 그 역도 성립했던 시대에 대한 어렴풋한 기억이 이런 축제 속에 남아 있는 것이다. 오스트레일리아에서는 아직도 이와 같은 관습이 지배적이다. 일부 종족에서는 연장자, 족장, 점술사-사제 들이 '아내 공유제'를 이용해 대부분의 여자를 독점하는 형태를 보게 된다. 그 대신 그들은 특정한 축제와 대규모의 종족 집회 때는 군혼기의 아내 공유제를 현실로 부활시켜 아내들이 젊은 남자들과 즐기는 일을 허용해야만 했을 것이다. 과거의 자유로웠던 성교가 짧은 시간 다시 힘을 발휘하는 이러한 정기적인 사투르날리아 축제[33] 사례들을 웨스터마크는 저서 28~29쪽에 싣고 있는데, 인도의 호족, 산탈족, 판자족과 코타족, 아프리카의 몇몇 종족이 이에 속한다. 특이하게도 웨스터마크는 이 풍습이 자신이 부인하던 군혼의 잔재가 아니라, 오히려 원시인들이 다른 동물과 공통적으로 가지던 교미기의 잔재라고 결론 내린다.

우리는 여기에서 바호펜의 네 번째 위대한 발견에 이른다. 즉 널리 퍼져 있던, 군혼에서 대우 관계 사이의 과도기적 형태를 발견한 것이다. 바호펜이 과거에 신들의 계율을 어긴 일에 대한 속죄라고 서술하는 것은 여자가 정조에 대한 권리를 얻는 대가로 바쳐야 하는 속죄다. 이는 실제로는 여자가 이전의 남편 공유에서 벗어나 오로지 한 남자에게만 자신을 허락하는 권리를 얻기 위한 속죄를 신비적으로 표현했을 뿐이다. 이 속죄는 일정 기간 몸을 제공하는 것이다. 바빌로니아 여자들은 일 년에 한 번은 밀리타[34] 신전에서 몸을 제공하지 않으면 안 되었다. 다른 서남아시아 민족들은 소녀들을 일 년간 아나이티스[35] 신전에 보내는데, 거기에서 소녀들은 마음에 드는 남자를 선택해서 자유로운 사랑을 한 후에야 비로소 결혼했다. 종교적 외피를 둘러쓴 이런 관습들이 지중해와 갠지스 강 사이에 살고 있는 대부분의 아시아인에게 공통적으로 나타난다. 속죄를 위한 이러한 희생은 이미 바호펜이 지적한 것처럼 시간이 흐르면서 점차 완화된다.

> 매년 되풀이되던 희생은 단 한 번만 이행해도 무방하다. 기혼 여성의 난교가 처녀 때까지로 제한되고, 혼인 중에도 행하던 것이 혼인 전에만 가능하며, 모두에게 허락하던 몸을 특정한 사람에게만 바치게 된다.(바호펜,《모권》, 19쪽)

다른 민족에게는 이러한 종교적 외피가 없다. 몇몇 민족—고대의 트라키아인, 켈트인, 오늘날 인도의 많은 원주민, 말레이시아 민족, 남태평양 제도의 원주민과 여러 아메리카 인디언—에 있어서 처녀들은 결혼하기 전까지 최대한의 성적 자유를 향유한다. 특히 남아메리카에서는 거의 어디에서나 그러했는데, 대륙의 오지에 몇 번 들어가본 사람은 누구나 이를 증언할 수 있다. 그래서 애거시J. L. R. Agassiz〔《브라질 여행*A Journey in Brazil*》(Boston · New York : 1868), 266쪽〕는 인디언 혈통의 어떤 부유한 가족에 대해 다음과 같이 이야기한다. 그가 그 집의 딸과 알게 되었을 때, 그는 파라과이와의 전쟁에서 장교로 근무했던 그녀 어머니의 남편이 그녀의 아버지일 것이라고 생각하고 아버지의 안부를 물었다. 그러나 그녀의 어머니는 미소를 지으면서 "그 애는 아버지가 없어요, 그 애는 우연히 생긴 아이지요"라고 대답했다.

> 이런 식으로 인디언 여자와 혼혈인 여자는 수치심이나 죄책감 없이 언제고 자신의 사생아에 대해 이야기한다. 그리고 이

는 전혀 이상한 일이 아니다. 오히려 반대의 경우가 예외적인 일처럼 보인다. 아이들은……종종 어머니만을 아는데, 왜냐하면 모든 보살핌과 책임이 어머니에게 있기 때문이다. 그들은 아버지에 대해서는 아무것도 모른다. 그리고 어머니 또한 그녀와 아이들이 아버지에 대해 무언가 요구할 권리가 있다는 생각을 하지 않는다.

여기에서 보듯 문명인에게는 이상하게 생각되는 것이 모권제와 군혼 단계에 있어서는 그저 통상적이다.

또한 다른 종족의 경우, 신랑의 친구와 친족, 손님은 결혼식에서 신부에 대해 예로부터 내려오는 권리를 당연하게 요구했으며, 신랑에게는 마지막에야 비로소 차례가 왔다. 고대에는 발레아레스[36]인과 아프리카의 아우질라인 사이에서 그러했으며, 에티오피아에 있는 바레아인은 지금도 이 같은 관습을 행한다. 또 다른 경우에는 종족이나 씨족의 우두머리인 추장, 무당, 사제, 영주 등 그 칭호가 무엇이든지 간에 한 명의 공직자가 공동체를 대표해서 신부에 대해 첫날밤의 권리를 행사한다. 신낭만주의자들이 이를 아무리 미화할지라도 첫날밤의 권리는 군혼의 잔재다. 이는 오늘날에도 여전히 알래스카 대부분의 원주민(밴크로프트, 《북아메리카 태평양 연안 주들의 원주민 종족》, 1권, 81쪽), 멕시코 북부의 타후인(밴크로프트, 《북아메리카 태평양 연안 주들의 원주민 종족》, 1권, 584쪽)

과 기타 종족에게 남아 있다. 그리고 첫날밤의 권리는 적어도 켈트족 나라들에서는 중세 내내 존재했다. 이 나라들에서 첫날밤의 권리는 군혼에서 직접 전수된 것이었다. 예를 들면 아라곤이 그렇다. 카스티야는 농민이 농노였던 적이 한 번도 없었던 반면, 아라곤은 1486년 가톨릭 왕 페르난도의 중재 판결이 나오기 전까지 굴욕적인 농노 제도가 지배했다.[37] 공문서에는 다음과 같이 쓰여 있다.

> 우리는 다음과 같이 판결하고 선언한다. 앞에서 언급한 영주(세뇨르, 남작)들은……농민이 아내를 얻은 첫날밤에 그 여자와 동침하거나 혼례를 올린 날 밤 농민의 아내가 침대에 누운 후에 지배권의 표시로 침대와 그 아내를 밟고 넘어가지 못한다. 또한 앞에서 언급한 영주들은 유상, 무상을 막론하고 농민의 딸이나 아들을 이들의 의지에 반해 사역시키지 못한다.〔《농노제*Leibeigenschaft*》(Petersburg : 1861)(카탈루냐어 원본, 주겐하임 소장)에서 인용, 35쪽.〕

나아가 바호펜은 그가 명명한 '난교' 또는 '문란한 생식'에서 단혼으로의 이행이 본질적으로 여자에 의해 이루어졌다고 일관되게 주장한다. 이는 무조건 옳다. 경제적 생활 조건이 발전하고 원시 공산주의가 몰락하고 인구 밀도가 증가함에 따라 예부터 내려온 성관계의 태곳적 소박한 성격이 사라질수록, 성관계는 여자들에게 더욱더 굴욕적이고 억압적인 것이 되었음이 틀림없다. 그래서 여자들은 정조권, 즉 일정 시기 동안 혹은 지속적으로 한 남자와만 성관계를 맺을 권리를 구원책으로 여기고 이를 더욱더 간절히 원하게 되었음이 분명하다. 이러한 진보는 당연히 남자들에게서 비롯될 수 없다. 왜냐하면 오늘날까지도 남자들은 사실상 군혼이 주는 매력을 포기하려 하지 않기 때문이다. 남자들은 여자들에 의해 대우혼으로의 이행이 이루어진 후에야 비로소 엄격한 일부일처제를 받아들였다. 물론 이는 여자들에게만 적용되는 일부일처제다.

대우혼 가족은 야만과 미개의 경계나 대개는 야만의 높은 단계에서 나타났지만, 곳에 따라서는 미개의 낮은 단계에야 발생했다. 야만 시대에는 군혼이, 문명 시대에는 일부일처제가 특징적인 가족 형태이듯, 미개 시대에는 대우혼 가족이 특징적인 가족 형태였다. 대우혼 가족이 일부일처제로 공고하게 계속 발전하기 위해서는 기존에 작용했던 것 이외의 다른 원인들이 필요했다. 결혼 집단은 대우혼에서 이미 그 마지막 단위인 두 개의 원자로 된 분자, 즉 한 명의 남편과 한 명의 아내로 좁혀졌다. 자연도태는 결혼 공동체에서 점점 더 많은 대상을 배제하면서 자신의 임무를 완성했는데, 이 방향에서 자연도태가 할 일은 더 이상 아무것도 남지 않게 되었다. 따라서 새로운 사회적 추동력이 작용하지 않았다면, 대우 관계에서 새로운 가족 형태가 나타나야 할 이유가 전혀 없었다. 그런데 이 추동력이 작용하기 시작했다.

이제는 대우혼 가족의 고전적 터전인 아메리카를 떠나보도록 하자. 아메리카에서는 이보다 상위의 가족 형태가 발전하고 있다거나, 대륙이 발견되고 정복되기 이전에 공고한 일부일처제가 존재했음을 추론하게 하는 징후는 전혀 없다. 그러나 구세계에서는 사정이 다르다.

구세계에서는 가축을 길들이고 사육하면서 이전에는 알지 못했던 부의 원천이 개발되었고, 완전히 새로운 사회적 관계가 형성되었다. 미개의 낮은 단계에 이를 때까지 영속적인 부는 대부분 가옥, 의복, 조잡한 장식품, 식량을 획득하고 조리하는 도구, 나룻배, 무기, 단순한 종류의 가재도구에 불과했다. 식량은 매일 새로 구해야만 했다. 그러나 이제 선진적인 목축 민족—인도의 펀자브 지역과 갠지스 강 유역, 당시에는 물이 매우 풍부했던 옥서스 강과 약사르테스 강 유역의 초원 지대에 거주하던 아리아인, 유프라테스와 티그리스 유역의 셈인—은 말, 낙타, 당나귀, 소, 양, 염소, 돼지 등의 가축 떼와 함께, 그저 감시하고 돌보기만 하면 끊임없이 번식해 젖과 고기로 풍부한 식량을 제공하는 재산을 가지게 되었다. 지금까지 식량을 조달하기 위한 모든 수단은 뒷전으로 밀려났고, 그 전까지는 필수적이었던 사냥이 이제는 사치가 되었다.

그러나 이 새로운 부는 누구의 것인가? 씨족에 속하리라는 점은 의심의 여지가 없다. 그러나 가축 떼에 대한 사적 소유는 일찍부터 발전했음이 틀림없다. 이른바 모세 1경의 저자가 아버지 아브라함을 가축 떼의 소유자로 본 까닭이 아브라함이 가족 공동체의 수장으로서 가지는 권리 때문이었는지, 혹은 한 씨족의 세습적 수장이라는 신분 때문이었는지는 단언하기 어렵다. 확실한 것은 그를 현대적 의미의 소유자로 보아서는 안 된다는 점이다. 그리고 또 한 가지 확실한 것은 공인된 역사의 문턱에서 가축 떼는 미개 시대의 장식품, 금속 연장, 사치품, 그리고 마지막으로 인간 가축—노예—처럼 이미 곳곳에서 가장의 특별 재산이었다는 점이다.

왜냐하면 이 당시에 노예제 또한 발명되었기 때문이다. 낮은 단계의 미개인에게 노예는 무가치한 것이었다. 그래서 아메리카 인디언은 포로들을 보다 높은 단계의 종족과는 완전히 다르게 취급했다. 남자는 살해하거나 형제로서 승자의 부족에 편입시켰다. 여자는 아내로 삼거나 그렇지 않은 경우 살아남은 자식들과 마찬가지로 편입시켰다. 이 단계에서는 인간의 노동력이 아직 그 생존 비용을 넘는, 어떤 주목할 만한 잉여를 창출하지 못했다. 그러나 가축, 금속 가공, 직조, 그리고 마침내 농경이 도입되면서 사정은 달라졌다. 과거에는 아내를 쉽게 얻을 수 있었지만 이제는 아내가 교환 가치를 지니게 되어 구매해야 하는 것처럼, 가축 떼가 가족의 재산이 된 이후에는 노동력에서도 변화가 일어났다. 가족은 가축만큼 빨리 늘어나지 않았고, 가축을 감시하기 위해 더 많은 사람이 필요하게 되었다. 여기에 전쟁 포로를 이용했고, 그들은 가축과 마찬가지로 잘 번식했다.

이러한 부가 일단 가족의 사적 재산으로 급속히 늘자 대우혼과 모권적 씨족에 기초한 사회는 강한 타격을 입었다. 대우혼은 가족에 새로운 요소를 가져왔다. 그것은 친어머니와 함께 공적으로 인정된 친아버지를 내세운 것이었다. 이 친아버지는 오늘날의 일부 '아버지들'보다 더 확실했을 가능성이 있다. 당시 가족 내의 노동 분업에 따라, 남편은 식량을 조달하고 그에 필요한 노동 수단을 만들었고, 이에 대한 소유권은 그에게 있었다. 이혼을 하게 되면, 아내가 가재도구를 보유하듯 남편은 이 노동 수단을 차지했다. 당시의 사회 관습에서 남편은 새로운 식량의 원천인 가축을 소유했고, 후에는 새로운 노동 수단인 노예의 소유자가 되었다. 그러나 동일한 관습에 따라 자식들은 그의 재산을 상속할 수 없었다. 왜냐하면 상속은 다음과 같이 일어났기 때문이다.

여자 쪽으로만 혈통을 따르던 모권제와 씨족 내에서의 근원적인 상속 관례에 따르면, 처음에는 씨족의 친족들이 사망한 씨족원의 재산을 상속받았다. 재산은 씨족 내에 남아 있어야만 했다. 상속되는 물건들이 보잘것없었을 당시, 그 재산은 예전부터 실로 가장 가까운 씨족 친족들, 즉 어머니 쪽의 혈족에게 넘어갔을지도 모른다. 그런데 사망한 남자의 자식들은 그의 씨족이 아니라 어머니 씨족에 속했다. 그들은 어머니의 재산을 처음에는 어머니의 나머지 혈족과 함께, 후에는 우선적으로 상속받았을 것이다. 그러나 그들은 아버지의 재산을 상속받지 못했다. 그들은 아버지의 씨족에 속하지 않았고, 아버지의 재산은 아버지의 씨족 내에 남겨놓아야 했기 때문이다. 따라서 가축 떼의 소유자가 사망한 경우, 그 가축 떼는 우선 형제자매와 자매들의 자식들, 혹은 그의 어머니의 자매들 자손에게 넘어갔을 것이다. 그러나 그의 친자식들에게는 상속권이 없었다.

그러므로 부가 늘어남에 따라 가족 내에서 남편이 아내보다 더 중요한 지위를 차지하게 되는 한편, 강화된 지위를 이용해 관습상의 상속 순위를 자식들에게 유리하게 완전히 바꾸려는 욕망이 나타났다. 그러나 이것은 모권에 따른 혈통이 이어지는 한 이루어지기 어려웠다. 그래서 모권제가 폐기되어야만 했고, 결국 폐기되었다. 모권제를 폐기하는 것은 오늘날 우리가 생각하는 것처럼 그렇게 어려운 일은 아니었다. 왜냐하면 이 혁명은—인류가 경험한 가장 결정적인 혁명의 하나—살아 있는 씨족 구성원 중의 단 한 사람도 건드릴 필요가 없었기 때문이다. 씨족에 속한 사람들 모두 예전과 마찬가지로 앞으로도 그대로 남아 있을 수 있었다. 앞으로는 남자 씨족원의 자손들이 자기 아버지의 씨족에 남아 있고,

여자 씨족원의 자손들은 씨족에서 제외되어 아버지의 씨족으로 넘어간다는 간단한 결정으로 충분했다. 그와 함께 모계 혈통과 모계 상속권은 폐지되었고, 부계 혈통과 부계 상속권이 도입되었다. 우리는 이러한 혁명이 문화 민족들에서 언제 어떻게 일어났는지 아는 바가 전혀 없다. 이 혁명은 전적으로 선사 시대에 있었던 일이다. 그러나 이 혁명이 일어났다는 것은 특히 바호펜이 수집한 모권에 대한 풍부한 흔적을 통해 충분히 증명되고도 남는다. 혁명이 얼마나 쉽게 이루어졌는지는 수많은 인디언 부족에서 찾아볼 수 있다. 이 부족들은 부의 증대와 생활 방식의 변화(삼림에서 초원으로의 이주)의 영향을 받는 한편, 문명과 선교사들의 도덕적 영향으로 최근에 와서야 이 혁명을 이루었거나 진행 중에 있다. 미주리의 8개 부족 중에서 6개 부족은 남자 쪽의 혈통과 상속 순위를 따르고 있지만, 아직도 2개 부족은 여자 쪽의 혈통과 상속 순위를 지키고 있다. 쇼니족, 마이애미족, 댈라웨어족의 경우, 자식들이 아버지의 재산을 상속받도록 그들에게 아버지의 씨족 이름을 붙여 아버지의 씨족으로 편입시키는 관습이 널리 퍼져 있다. "사물의 이름을 바꿈으로써 사물을 변화시키려는 인간의 타고난 궤변성! 그리고 직접적인 이해가 충분하다면 전통의 내부에서 전통을 부수기 위한 틈새를 발견하려는 궤변성!"(마르크스) 이로 인해 엄청난 혼란이 나타났다. 이것은 부권으로의 이행을 통해서만 수습될 수 있었으며 부분적으로 그렇게 수습되었다. "이것이 일반적으로 가장 자연스러운 이행인 듯하다."(마르크스)—이러한 이행이 어떻게 구세계의 문화 민족들 사이에서 이루어졌는지 그 방식과 방법에 대해 비교법학자들이 우리에게 이야기해줄 수 있는 것—물론 거의 그저 가설일 뿐이지만—에 대해서는 코발렙스키M. M. Kowalewski의 《가족 및 재산의 기원과 진화에 대한 개요*Tableau des origines et de l'évolution de la famille et de la propriété*》(Stockholm : 1890)를 참조하라.

모권의 전복은 여성의 세계사적 패배였다. 남자는 가정에서 주도권을 잡게 되었고, 여자는 존엄성을 잃어버리고 남자의 정욕의 노예가 되었으며 아이를 낳는 단순한 도구로 전락했다. 여성의 이러한 굴종적인 지위는, 특히 영웅 시대와 고전 시대 그리스인에게서 노골적으로 나타나듯이, 점차 미화되고 그럴싸하게 포장되어 때로는 보다 완화된 형태를 취하기도 했다. 그러나 여성의 굴종적인 지위는 계속 유지되었다.

이렇게 확립된 남성 전제의 첫 번째 결과는 당시 막 출현한 가부장제적 가족이라는 중간 형태다. 이것의 주된 특징은 나중에 이야기할 일부다처제가 아니다. 다음을 보라.

> 일정한 수의 자유민과 비자유민이 가장의 가부장적 권력하에 한 가족으로 이루어진 조직이다. 셈족의 형태를 보면 이 가장은 일부다처제 생활을 하며, 비자유민 역시 아내와 자식들을

가지고 있다. 그리고 이 조직 전체의 목적은 일정한 구역 내에서 가축 떼를 돌보는 것이다.[38]

본질적인 것은 비자유민의 편입과 가장의 권력이다. 그래서 이러한 가족 형태가 완성된 유형이 로마의 가족이다. 본래 파밀리아familia라는 말은 감정적인 유대와 가정 불화가 혼합된, 오늘날의 속물적 소시민이 생각하는 전형적인 의미의 가족이 아니었다. 로마인에게 이 말은 처음에 부부와 자식들을 가리키는 말이 아니라, 노예만을 가리켰다. 파물루스Famulus는 집안의 노예를 의미했고, 파밀리아는 한 남자에게 속해 있는 노예의 총체를 의미했다. 가이우스 시대에도 파밀리아는 상속 재산으로 유언을 통해 증여되었다. 파밀리아는 로마인들이 새로운 사회 조직체를 표현하기 위해 고안해낸 것으로, 이 조직체의 우두머리는 아내와 자식들 그리고 일정한 수의 노예를 로마식 부권하에 거느리고 이들 모두에 대한 생사여탈권을 가졌다.

따라서 이 말은 라틴계 부족들의 철통 같은 가족 제도보다 더 오래되지 않았다. 이 가족 제도는 농경과 노예 제도가 법제화된 이후에, 그리고 아리안계 이탈리아인이 그리스인에게서 분리된 이후에 등장한 것이다.[39]

마르크스는 여기에 다음과 같이 덧붙인다. "현대 가족은 그 맹아 안에 노예제뿐 아니라 농노제를 담고 있다. 왜냐하면 현대의 가족은 처음부터 농경을 위한 노력과 관련 있기 때문이다. 그 후 현대 가족은 사회와 국가 속에서 광범위하게 발전한 온갖 대립을 축소판의 형태로 내포하고 있다."

이러한 가족 형태는 대우혼에서 일부일처제로의 이행을 보여준다. 아이들의 아버지를 확실히 하기 위해서 아내의 정조가 중시되었고 아내는 무조건적으로 남편의 권력하에 놓이게 되었다. 만일 남편이 아내를 살해하더라도 남편의 권리라 여겨졌다.

가부장제 가족과 더불어 우리는 역사의 영역으로 들어오며, 그와 함께 비교법학이 중요한 도움을 주는 영역에 들어선다. 실제로 비교법학 덕분에 우리는 본질적인 진보를 이룩했다. 가부장적 세대 공동체는 오늘날에도 여전히 세르비아인과 불가리아인 사이에서 자드루가Zádruga(친우 집단이라고 번역할 수 있을 것이다) 혹은 브라스트보Bratstvo(형제 집단)라는 명칭으로 존재하며, 변형된 형태로 동양 민족들 사이에도 존재한다. 이것이 군혼에서 유래한 모권제 가족과 현대의 개별 가족 사이의 과도기적 단계를 이룬다는 점을 증명한 코발렙스키(《가족 및 재산의 기원과 진화에 대한 개요》, 60~100쪽)에게 우리는 감사한다. 적어도 구세계의 문명 민족인 아리아인과 셈인에 대해서는 이것이 증명되었다.

남슬라브의 자드루가는 아직도 존재하는 이러한 가족 공동체에 대한 가장 좋은 실례다. 자드루가는 한 아버지에게서 나온 여러 세대의 자손들과 이들의 아내들을 포괄한다. 이들 모두는 한집에서 같이 살면서, 공동으로 밭을 경작하고, 공동의 저장품으로 먹고 입으며, 잉여 수확물을 공동으로 소유한다. 이 공동체는 최고 관리자인 가장의 관리하에 있는데, 가장은 외부에 대해 공동체를 대표하고, 소소한 물품을 처분하며, 회계를 관리할 뿐 아니라 정규적인 사업 진행도 책임진다. 가장은 선출되는데, 반드시 최고 연장자여야 할 필요는 없다. 여자들은 일반적으로 가장의 아내인 주부主婦의 지휘를 받는다. 또한 주부는 처녀들이 남편을 선택하는 데 결정적인 발언권을 가진다. 그러나 최고 권력은 모든 성인 가족의 회합인 가족 회의에 있다. 이 회의에서 가장은 보고를 한다. 이 회의는 중요한 사안을 논의하고, 가족원에 대한 재판권을 행사하며, 토지 등 중요한 매매와 관련한 것을 결정한다.

대략 10년 전에야 비로소 이러한 거대 가족 공동체가 러시아에도 존속한다는 사실이 알려졌다.[40] 이 공동체가 오브시치나Obschtschina라는 촌락 공동체와 마찬가지로 러시아의 민족 관습에 뿌리를 둔다는 점은 이제 보편적으로 인정받고 있다. 이 가족 공동체는 러시아에서 가장 오래된 법전인 야로슬라프 법전Prawda des Jaroslaw[41]에 묘사되어 있으며 달마티아 법률Die Dalmatinischen Gesetze[42]에도 동일한 명칭으로 나타나고, 폴란드와 체코의 사료들 속에서도 증명된다.

호이슬러Andreas Heusler[43]에 따르면, 게르만인의 경우도 본래 경제 단위는 현대적 의미에서의 개별 가족이 아니라 '세대 공동체'다. 세대 공동체는 한 가족의 여러 세대나 개별 가족으로 구성되는데, 이들 외에 비자유민을 포함하는 경우도 허다하다. 로마의 가족도 이러한 유형으로 환원할 수 있는데, 최근에는 가장의 절대 권력과 가장에 대한 나머지 가족 구성원의 복종에 대해 논쟁이 제기되기도 한다. 켈트인의 경우도 마찬가지로, 아일랜드에서 이와 유사한 가족 공동체가 존재했다. 프랑스에서 가족 공동체는 프랑스 혁명이 일어날 때까지 니베르네 지방에서 '파르손느리parçonneries'라는 이름으로 유지되었으며, 프랑스 콩트 지방에는 오늘날에도 완전히 소멸되지 않았다. 손과 루아르 지방의 대규모 농가에는 지붕까지 닿는 높다란 공동의 중앙 홀이 있는데, 이 중앙 홀을 중심으로 침실들이 있어서 여섯 단에서 여덟 단의 층계를 통해 출입하게 되어 있으며, 여기에 가족을 이루는 여러 세대가 살고 있다.

공동으로 토지를 경작하는 인도의 세대 공동체에 대해서는 이미 알렉산더 대왕 시대에 네아르코스Nearchos[44]가 언급한 바 있는데, 이 세대 공동체는 펀자브와 서북부 인도 전체에 존속한다. 코카서스에서는 코발렙스키 자신이 세대 공동체의 존재를 증명했다. 알제리의 세대 공동체는 카바일인 사이에 아직도 존재한다. 아메리카에서도 이러한 세대 공동체가 존재했다고 생각되는데, 추리타Zurita가 서술한 고대 멕시코의 '칼풀리스Calpullis'[45]가 그것으로 보인다. 이에 반해 쿠노브H. W. K. Cunow(《외국*Ausland*》(1890), 2~44쪽)[46]는 정복 당시의 페루에는 경작지를 주기적으로 분배함으로써 개별 경작을 하는 일종의 마르크 제도(그런데 여기에서 마르크는 기묘하게도 '마르카Marca'라고 불렸다)가 존재했음을 상당히 명확하게 입증했다.

아무튼 토지를 공동으로 소유하면서 공동으로 경작하는 가부장제적 세대 공동체는 종전과는 완전히 다른 의미를 가진다. 이러한 세대 공동체가 구세계의 문화 민족과 기타 일부 민족의 경우 모권제 가족에서 개별 가족으로의 이행에 중요한 역할을 수행했다는 점은 더 이상 의심의 여지가 없다. 뒤에서 다시 다루겠지만, 코발렙스키는 더 나아가서 가부장적 세대 공동체가 개별 경작을 하면서 경작지와 목초지를 처음에는 주기적으로 분배하다가 나중에는 아예 완전히 분배해버린 촌락 공동체 또는 마르크 공동체로 이행하는 과도적 단계라는 결론을 이끌어냈다.

이러한 세대 공동체 내의 가족 생활과 관련해서 지적할 점은 적어도 러시아에서는 가장이 자신의 지위를 악용하여 공동체의 젊은 여자들, 특히 며느리들을 종종 첩으로 삼았다는 풍문이다. 이는 러시아 민요를 통해 잘 알 수 있다.

모권이 전복되면서 급격히 발전한 일부일처제로 넘어가기 전에 일부다처제와 일처다부제에 대해 몇 가지 더 이야기하자. 한 나라에 이 두 가지 결혼 형태가 나란히 존재하지 않는 한, 이 두 결혼 형태는 단지 예외적인 것, 말하자면 역사적인 사치품일 수밖에 없다. 알다시피 이 두 형태가 나란히 존재한 경우는 없다. 일부다처제에서 배제된 남자들이 일처다부제로 인해 남아도는 여자들에게서 위안을 구할 수는 없기 때문에, 또한 사회적 제도와는 상관없이 남자와 여자의 수는 지금까지 대체로 비슷했기 때문에, 당연히 이 두 결혼 형태 중 어느 한쪽도 보편적인 타당성을 가지지 못한다. 사실상 일부다처제는 노예제의 산물이었으며, 특별한 지위를 가진 개인들에게 국한되었다. 셈인의 가부장적 가족의 경우, 오로지 가장과 기껏해야 그의 아들 중 두서넛만이 일부다처제 생활을 하며, 그 밖의 사람들은 한 명의 아내로 만족해야만 한다. 동양에서는 오늘날에도 이러한데, 일부다처제는 부자와 귀족의 특권으로 주로 여자 노예들을 구입함으로써 유지된다. 일반 민중은 일부일처제 생활을 한다. 이와 똑같은 예외가 인도와 티베트의 일처다부제다. 이것의 기원은 실로 흥미를 자아내는데, 군혼에서 유래했는지는 보다 자세히 연구되어야 할 것이다. 그 밖에 일처다부제는 실상에 있어서 회교도의 질투로 가득 찬 하렘 제도[47]보다는 훨씬 더 온당한 것으로 보인다. 적어도 인도의 나야르인의 경우, 서너 명 내지 그 이상의 남자들이 한 명의 공동 아내를 가지지만, 그와 동시에 이들은 또 각각 다른 세 명 내지 그 이상의 남자들과 공동으로 두 번째 아내를 가지며, 그런 식으로 세 번째, 네 번째 등의 아내를 공유한다. 매클레넌이 한 사람이 여러 클럽의 회원이 될 수 있는 이러한 '결혼 클럽'에 대해 스스로 서술하면서도 '클럽혼'이라는 새로운 종류를 발견하지 못한 점은 놀랍다. 더욱이 이러한 결혼 클럽 제도는 결코 진정한 일처다부제가 아니었으며, 반대로 지로 퇼롱이 지적하듯 군혼의 특수한 형태다. 남자들은 일부다처제, 여자들은 일처다부제 생활을 하는 것이다.

4. 일부일처제 가족Die Monogame Familie. 일부일처제 가족은 이미 이야기했듯이 미개의 중간 단계와 높은 단계의 경계를 이루는 시대의 대우혼 가족에서 발생한다. 이처럼 일부일처제 가족은 문명의 시작을 알리는 표시 중 하나라는 점에서 궁극적 의미가 있다. 이는 친아버지가 확실한 아이들을 낳는다는 명백한 목적을 내세워 남편의 지배에 기반을 두는데, 친아버지를 확실히 해야만 하는 까닭은 훗날 아이들이 아버지의 재산에 대한 직계 상속자가 되기 때문이다. 일부일처제 가족은 혼인의 유대가 훨씬 더 공고하다는 점에서 대우혼과 구분되는데, 이제는 혼인의 결속을 쌍방의 의사에 따라 마음

대로 끊지 못하게 된다. 이제는 통상 남자만이 혼인의 유대를 끊고 아내를 쫓아낼 수 있다. 남편은 여기에서도 정조를 지키지 않을 권리를 적어도 관습을 통해 보장받으며(나폴레옹 법전은 남편이 집에 다른 여자를 데리고 와서 자지 않는 한, 남편이 정조를 지키지 않을 권리가 있음을 명문화한다[48]), 사회가 한층 발전함에 따라 이 권리는 더욱더 많이 행사된다. 만약 아내가 지난날의 성적 습성을 잊지 못하고 다시 성적 방종을 행한다면, 그녀는 이전 어느 때보다도 더 엄중한 처벌을 받는다.

우리는 이 새로운 가족 형태의 엄격함을 그리스인에게서 온전히 볼 수 있다. 마르크스가 지적하듯이 신화에서 여신의 지위는 여자들이 아직 한층 자유롭고 보다 존경받는 지위에 있었던 과거 시대를 보여주는 데 반해, 영웅 시대의 여자들은[49] 남자들의 우위와 여자 노예들과의 경쟁으로 인해 지위가 격하되었음을 보여준다. 《오디세이아*Odysseia*》를 읽어보면 텔레마코스가 어떻게 자기 어머니를 거부하고 침묵을 명령했는지를 알 수 있다. 호메로스의 작품에서 전쟁 포로가 된 젊은 여자들은 승리자의 정욕의 제물이 된다. 지휘관들은 지위와 서열에 따라 여자들 중 가장 아름다운 여자를 고른다. 알다시피 《일리아드》 전체가 여자 노예 한 명 때문에 아킬레우스와 아가멤논 사이에 일어난 싸움을 둘러싸고 전개된다. 호메로스가 묘사하는 모든 중요한 영웅들의 이야기에는 이들이 전쟁 포로가 된 처녀들을 천막으로 끌어들여 같이 자는 대목이 나온다. 또한 아이스킬로스의 작품에는 아가멤논이 카산드라에게 했듯이 이런 처녀들을 아내가 살고 있는 고향집으로 데리고 가는 경우가 등장한다. 여자 노예들이 낳은 아들은 아버지 유산에서 일부를 상속받고 완전한 자유민으로 인정된다. 테우크로스는 텔라몬의 그런 서자였으며, 아버지의 성을 따라 이름을 지을 수 있었다. 본처는 이런 모든 것을 감수해야 했으며, 그러면서도 자신은 엄격한 정조와 부부 간의 신뢰를 지켜야 했다. 영웅 시대의 그리스에서 아내는 비록 문명 시대의 아내보다는 많은 존경을 받았음에도, 결국 남편에게는 그의 상속자인 적자의 어머니이고, 우두머리 가정부이며, 그가 마음껏 첩으로 삼는 여자 노예들의 감독자에 불과하다. 일부일처제와 나란히 노예 제도가 존재한다는 것, 즉 남자의 처분에 맡겨진 젊고 아름다운 여자 노예가 존재한다는 점이 애초부터 일부일처제가 오로지 여자에게만 해당될 뿐, 남자에게는 그렇지 않다는 독특한 특성을 보여준다. 그리고 일부일처제는 오늘날에도 여전히 이러한 특성을 보인다.

후대의 그리스인에 대해서는 도리스인과 이오니아인을 구별해야만 한다. 도리스인의 고전적인 예가 스파르타인데, 도리스인은 몇 가지 점에서 호메로스가 보여주는 것보다 더 고대적인 결혼 관계를 갖는다. 스파르타에서는 국가관에 의해 변형된 대우혼이 행해졌는데, 이는 몇 가지 점에서 군혼을 연상시킨다. 자식이 없는 부부는 이혼을 한다. 아낙산드리다스Anaxandridas 왕(기원전 560년경)은 아내와의 사이에 아이가 없어서 두 번째 아내를 얻고 두 집 살림을 했다. 같은 시대에 아리스톤Ariston 왕은 두 명의 아내와의 사이에 자식이 없어서 세 번째 아내를 얻고, 처음의 두 아내 중 한 명을 내보냈다. 한편 여러 형제가 한 명의 아내를 공유할 수 있었으며, 친구의 부인이 마음에 들면 친구와 함께 그녀를 나눠 가질 수 있었는데, 건장한 '종마'—비스마르크라면 이렇게 말했을 것이다—에게 아내를 맡기는 것은 설령 이 종마가 시민이 아닐지라도 관습에 어긋나는 일이 아니었다. 플루타르코스Ploutarchos가 쓴 한 구절에는 어떤 스파르타 여인이 자신을 뒤쫓아 다니면서 구애하는 애인에게 자기 남편에게 가보라고 하는 이야기가 나오는데, 이에 비추어 볼 때—쇠만G. F. Schoemann에 따르면—한층 더 자유로운 풍습이 있었음을 알 수 있다.[50] 따라서 진짜 간통, 즉 아내가 남편 몰래 부정을 저지르는 일은 드물었다. 한편 스파르타에서 가족 노예제는 적어도 전성기에는 알려지지 않았으며, 농노와 유사한 헬로트[51]는 농장에 따로 살았다. 따라서 스파르타 남자들이 헬로트 여자와 관계를 맺으려는 유혹은 비교적 적었다. 모든 상황을 고려하면 스파르타에서는 여자들이 다른 그리스인의 경우와 달리 훨씬 존경받는 지위를 누렸음은 당연하다. 스파르타 여자들과 아테네의 고급 헤테레[52]만이 고대인이 존경심을 가지고 이야기한, 그리고 이야기를 기록할 만한 가치가 있다고 여긴 유일한 그리스 여자다.

아테네인으로 표현되는 이오니아인의 경우는 완전히 다르다. 처녀들은 그저 실을 잣고 천을 짜고 바느질하는 것만을 배웠으며, 기껏해야 얼마간 읽거나 쓰는 것을 배웠다. 그녀들은 감금된 것이나 다름없었고, 여성들과 교제하는 일이 전부였다. 여자의 방은 남자, 특히 외간 남자가 쉽게 갈 수 없는 높은 층이나 집과 떨어진 뒤채에 있었으며, 남자 손님이 오면 여자들은 이곳으로 물러났다. 여자들은 여자 노예를 대동하지 않고는 외출하지 못했으며, 집에서는 말 그대로 감시하에 있었다. 아리스토파네스Aristophanes는 간부姦夫를 퇴치하기 위해 사육한 '몰로시아 개'에 대해 이야기한다. 아시아의 도시에서는 여자들을 감시하기 위해 고자를 고용하기도 했는데, 키오스에서는 헤로도토스 시대에 이미 판매용으로 고자가 양육되었다. 박스무트E. W. Wachsmuth[53]에 따르면, 고자는 외국에 판매하기 위한 것만은 아니었다. 에우리피데스Euripides의 시를 보면 아내는 '오이쿠레마oikurema'인 가정을 돌보는 사물(이 단어는 중성명사다)로 표현되며, 아테네 남자에게 아내는 아이 낳는 일을 제외하면 우두머리 하녀 이외에 아무것도 아니었다. 남편은 체육 훈련을 하고 공적인 업무를 논의했지만, 아내는 여기에서 배제되었다. 그 밖에 남편은 여전히 마음대로 여자 노예들을 종종 취했으며, 아테네의 황금 시기에는 적어도 국가의 비호를 받는 매춘이 널리 퍼졌다. 스파르타 여성들이 인격적으로 뛰어났듯이, 아테네의 여성들은 바로 이런 매춘의 기반 위에서 재기와 예술적인 취미를 도야해 고대 여성의 일반적 수준을 뛰어넘는 그리스적 여성성을 발현했다. 그러나 그런 여자가 되기 위해 먼저 헤테레가 되어야만 한다는 점은 아테네 가족에 대한 가장 준엄한 유죄 선고다.

시간이 흐르면서 이러한 아테네 가족이 나머지 이오니아인뿐만 아니라 점차 본토와 식민지의 모든 그리스인에게까지 가족 관계의 본보기가 되었다. 그러나 모든 격리와 감시에도 불구하고 그리스 여자가 남편을 속일 기회는 충분히 있었다. 남편들은 아내에게는 어떤 식의 사랑이든 드러내는 것을 수치로 여기면서도 헤테레를 상대로는 온갖 종류의 사랑 행위를 즐겼다. 아내에 대한 이런 모욕은 남편 자신의 명예를 떨어뜨리는 보복으로 되돌아와, 남편은 미소년에 대한 혐오스러운 동성애에 빠지게 되었고 가니메데스[54]의 신화를 통해서 자신뿐 아니라 자신의 신들까지 모욕하는 데 이르렀다.

이상이 고대의 가장 문명화하고 발달한 민족을 최대한 추적해본 일부일처제의 기원이다. 일부일처제는 결코 개인적인 성애의 결과가 아니었으며, 이와는 아무런 관계가 없었다. 왜냐하면 결혼은 언제나 정략 결혼이었기 때문이다. 일부일처제는 자연적 조건이 아니라 경제적 조건에 기초한 것으로, 특히 자연적으로 성장한 원시적 공동 소유에 대한 사적 소유의 승리에 기반한 최초의 가족 형태였다. 가족 내에서 남편의 지배와 부를 상속할 확실한 남편의 자식을 낳는 것—이것만이 그리스인이 솔직하게 표명하는 단혼의 유일한 목적이었다. 이외에 단혼은 그들에게 부담일 뿐이었다. 단혼은 그리스인이 반드시 이행해야 하는 신과 국가와 조상에 대한 의무였다. 아테네에서는 법률이 결혼만을 강제한 것이 아니라 남편으로 하여금 이른바 최소한의 혼인상 의무를 이행하도록 강요했다.

그러므로 단혼은 결코 남자와 여자의 화합으로서 역사에 등장한 것이 아니며, 화합의 최고 형태로 나타난 것은 더더욱 아니다. 오히려 반대다. 단혼은 한 성에 의한 다른 성의 억압으로, 선사 시대 전체에 걸쳐 그때까지 나타난 적이 없던 양성 간의 충돌 선언이다. 1846년에 마르크스와 내가 작업한 미간행 원고에는 다음과 같이 적혀 있다. "최초의 노동 분업은 아이를 낳기 위한 남성과 여성의 분업이다."[55] 이제 나는 다음을 덧붙일 수 있다. 즉 역사에 나타난 최초의 계급 대립은 단혼에서 남편과 아내의 적대의 발전과 일치하고, 최초의 계급 억압은 남성에 의한 여성 억압과 일치한다. 단혼은 위대한 역사적 진보 중 하나지만, 동시에 노예제나 사적 소유와 함께 오늘날까지 계속되는, 즉 모든 진보가 동시에 상대적 퇴보이며 한쪽의 행복과 발전이 다른 쪽의 고통과 억압으로 관철되는 시대를 열었다. 단혼은 문명 사회의 세포 형태이며, 우리는 이를 통해 앞으로 명백히 전개될 대립과 모순의 본질을 연구할 수 있다.

옛날의 비교적 자유로웠던 성교는 대우혼과 단혼 시대에 와서도 결코 사라지지 않았다.

> 예전의 혼인 제도는 푸날루아 집단이 점차 사멸함에 따라 드물어졌지만, 그래도 계속 발전하는 가족을 둘러싸고 문명이 동틀 때까지 여전히 가족의 모태 속에 들어 있었다……그것은 종국에는 난교라는 새로운 형태 속에서 소멸되었으며, 이 새로운 형태는 마치 가족 위에 드리운 어두운 그림자처럼 문명 시대까지 파고들며 인간을 따라다닌다.[56]

모건은 난교를 단혼과 나란히 존재하는, 남자와 비혼 여자의 혼외 성교로 보고 있다. 알다시피 이러한 성교는 문명 시기 전체에 걸쳐 천차만별의 형태로 꽃피며 갈수록 공공연한 매춘이 된다. 난교는 아주 직접적으로는 군혼에서, 여성들이 정조권을 가지는 대가로 다른 남자에게 몸을 주는 봉헌에서 유래한다. 돈을 받고 몸을 주는 것은 처음에는 종교적 행위로 사랑의 여신을 모신 신전에서 이루어졌고, 그 돈은 신전의 금고로 들어갔다. 아르메니아의 아나이티스와 코린트의 아프로디테 신전의 여자 노예(히로둘레Hierodule)[57]는 인도의 사원에 소속된 종교적 무희舞姬인 바야데레Bajadere(이 단어는 무희를 뜻하는 포르투갈어 'bailadeira'가 와전된 것이다)처럼 최초의 매춘부였다. 다른 남자에게 몸을 허락하는 일이 본래는 모든 여자의 의무였지만, 후에는 이러한 신전의 여자들이 모든 여자를 대표해서 그 의무를 수행했다. 다른 민족의 경우에 난교는 결혼 전의 처녀에게 허용된 성적 자유에서 유래한다. 이것은 역시 군혼의 잔재로 단지 다른 방법으로 전수된 것이다. 부의 차이가 나타나면서 미개의 높은 단계에서 이미 노예 노동과 함께 임금 노동이 산발적으로 나타났다. 동시에 이에 대한 필연적인 상대물로서 여자 노예에게 강요된 육체 제공과 함께 자유민 여자의 영업적 매춘이 나타났다. 문명이 만들어낸 모든 것은 양면적이고, 표리부동하고, 자기분열적이며, 대립적이다. 군혼이 문명에 물려준 유산 역시 양면성을 띤다. 즉 한편에는 일부일처제가 존재하지만 다른 쪽에는 난교가 극단적인 형태인 매춘과 나란히 존재한다. 난교는 다른 모든 사회 제도와 마찬가지로 하나의 사회 제도이며 예전의 성적 자유를 계승한 것으로 남자를 위한다. 난교는 현실적으로 허용되고 특히 지배 계급에 의해 능란하게 이용되며 말로만 비난받는다. 그러나 실제로는 남자들에게 이러한 비난을 하지 않고 오로지 여자들만 비난한다. 이는 그 여성을 배척하고 추방하면서, 다시금 여성에 대한 남성의 무조건적인 지배를 사회의 기본 법칙으로 선포하는 일이다.

그러나 이와 함께 일부일처제 내부에서 제2의 대립이 발전한다. 난교를 통해 자신의 존재를 즐기는 남편 옆에는 버림받은 아내가 있다. 사과의 절반을 먹어버린 후에는 옹근 사과를 손에 쥐는 일이 불가능하듯이, 대립되는 다른 측면 없이 대립의 한 측면만을 가질 수는 없다. 그러나 아내들이 남편들의 생각을 고쳐주기 전까지 남편들은 대립의 한 측면만을 가질 수 있다고 생각했던 듯하다. 단혼과 더불어 과거에는 알지 못했던 두 명의 사회적 인물이 고정적으로 등장하는데, 아내의 상시적인 정부와 배신당한 남편이다. 남자는 여자에 대해 승리를 거두기는 했지만, 승리의 왕관을 쓰는 일은 대담하게도 패배자가 넘겨받았다. 단혼이나 난교와 함께 간통도 필수적인 사회 제도가 되었다—이것은 금지하고 가혹하게 처벌하더라도 근절하기 어려웠다. 아이들의 확실한 아버지라는 것은 언제나 기껏해야 도덕적 믿음에 입각했으며, 이 해결되기 어려운 모순을 풀기 위해서 나폴레옹 법전 제312조는 다음과 같이 선언했다.

> 혼인 중에 수태된 아이의 아버지는 남편이다.[58]

이것이 3,000년에 걸친 단혼의 최종 결과다.

이처럼 개별 가족은 자신의 역사적 기원을 충실히 반영하고 있으며, 남자의 배타적 지배로 인해 남녀 간의 충돌이 확실하게 드러나는 사건들 속에서 우리는 문명이 시작된 이래 계급으로 분열된 사회가 해결하지도 극복하지도 못한 대립과 모순의 축소판을 보게 된다. 물론 내가 여기에서 이야기하는 것은 결혼 생활이 실제로 제도 전체가 요구하는 것을 따르면서 아내가 남편의 지배에 대해 반란을 일으키는 단혼에 대한 것이다. 모든 결혼이 이러한 과정을 밟지는 않는다는 점을 속물적인 독일인이 누구보다 잘 알고 있다. 속물적인 독일인은 국가에서와 마찬가지로 가정에서도 자신의 지배권을 지킬 줄 모르기 때문에 남편이 행사하지 못하는 주도권을 아내가 가진다. 그러나 그들은 프랑스 친구가 자신들과 마찬가지로 가련한 처지에 있지만 훨씬 더 험악한 일을 당하기 때문에 프랑스 친구보다 자신들이 훨씬 잘났다고 생각한다.

그런데 개별 가족이 언제 어디서나 그리스인의 경우처럼 고전적이고 가혹한 형태로 나타났던 것은 결코 아니다. 비록 그리스인만큼 세련되지는 못했지만 미래의 세계 정복자로서 더 넓은 통찰력을 가졌던 로마인의 경우, 여성은 훨씬 더 자유롭고 많은 존경을 받았다. 로마 남자는 아내에 대한 생사여탈권을 가짐으로써 혼인상의 정조가 충분히 보장된다고 믿었다. 또한 아내 역시 남편과 마찬가지로 결혼을 자유로이 파기할 수 있었다. 그러나 단혼의 발전에서 가장 큰 진보는 결정적으로 게르만인이 역사에 등장하면서 이루어졌다. 이는 게르만인이 빈곤했기 때문에 대우혼에서 일부일처제로의 발전이 아직 완전하게 이루어지지 않은 탓인 듯하다. 이러한 추론은 타키투스가 서술하는 세 가지 상황에 근거한다. 첫째, 혼인은 대단히 신성시되고—"그들은 한 명의 아내로 만족하며, 여자들은 정조의 울타리 안에서 살고 있다"[59]—있음에도, 귀족과 부족장 사이에서는 대우혼이 통용되던 아메리카인의 상태와 유사한 일부다처제가 통용되었다. 둘째, 모권에서 부권으로의 이행은 얼마 전에야 비로소 이루어졌는데, 왜냐하면 어머니의 형제—모권에 따르면 가장 가까운 남성 친족이다—가 아직도 친아버지보다 더 가까운 친족으로 여겨졌기 때문이다. 이 점은 아메리카 인디언의 관점에도 부합하는데, 마르크스는 이들에게서 우리의 원시시대를 이해하는 열쇠를 발견했다고 종종 이야기했다. 셋째, 게르만인 사이에서 여성은 높은 존경을 받았고, 공적인 업무에도 상당한 영향력을 가졌는데, 이것은 일부일처제하에서의 남성 지배와는 직접 대립되었다. 이 모든 점에서 게르만인은 이미 우리가 살펴본, 아직 대우혼을 완전히 극복하지 못한 스파르타인과 일치한다. 그리하여 가족 관계에서도 게르만인의 출현과 함께 하나의 완전히 새로운 요소가 세계를 지배하게 되었다. 이제 로마 세계의 폐허 위에서 민족 혼합을 통해 발전한 새로운 일부일처제는 남성 지배에 한결 부드러운 형태를 부여했고, 적어도 외견상으로는 여자들에게 고대의 어느 때보다도 훨씬 존경받고 한층 자유로운 지위를 부여했다. 이와 함께 비로소 일부일처제에서—사정에 따라 때로는 일부일처제 내부에서, 때로는 이와 나란히, 때로는 이에 대립해서—가장 위대한 도덕적 진보가 발전할 가능성이 주어졌다. 과거의 어느 세계도 알지 못했던 현대적인 개인적 성애라는 진보는 일부일처제 덕분이다.

그러나 이러한 진보가 이루어진 것은 게르만인이 여전히 대우혼 가족 생활을 했고 이에 상응하는 여성의 지위를 가능한 한 일부일처제에 이식한 상황 때문이지, 결코 게르만인이 놀랄 만큼 도덕적으로 순결한 천성을 가졌기 때문은 아니다. 게르만인의 이러한 천성은 사실상 대우혼이 일부일처제처럼 뚜렷한 도덕적 대립을 가지지 않는다는 것에 한정된다. 반대로 게르만인은 그들의 이동 시기, 특히 흑해 연안의 초원 유목민이 있는 동남쪽으로 이동하던 시기에 도덕적으로 심하게 타락해 유목민의 승마술뿐 아니라 사악하고 반자연적인 악덕까지 받아들였다. 이에 대해서는 암미아누스Ammianus가 타이팔리인들의 예를 들어서, 프로코피우스Procopius는 헤룰리인의 예를 들어서 명확하게 증언한다.

그러나 우리가 아는 가족 형태 가운데 일부일처제만이 유일하게 현대적 성애가 발전한 가족 형태라고 해서 이 현대적 성애가 일부일처제하에서 부부 간의 애정으로 발전했음을 의미하지는 않는다. 남편의 지배하에 있는 견고한 단혼의 본질로 인해 이것은 불가능하다. 역사적으로 모든 능동적인 계급, 즉 모든 지배 계급에게 결혼은 대우혼 이래 그래왔던 것처럼 부모가 정하는 대로 이루어지는 정략적인 것이었다. 그리고 (적어도 지배 계급의) 인간이면 당연히 가지는 정열로서, 그리고 성적 충동의 최고 형태—이것이야말로 성애의 독특한 특성을 이룬다—로서 역사상 최초로 나타난 성애의 형태는 중세 기사의 사랑인데, 이것은 결코 결혼한 부부 간의 사랑이 아니었다. 오히려 정반대다. 이것의 고전적 형태인 프로방스인의 경우를 보면, 이 사랑은 철저히 간통의 면모를 보이고 연애시인들은 이런 간통을 찬미한다. 프로방스 연애시의 절정은 알바스Albas, 독일어로는 여명의 노래Tagelieder다. 이 노래들은 현란한 색채로 다음의 장면을 묘사한다. 기사가 침대 위에 그의 연인—다른 남자의 부인—과 나란히 누워 있고, 망을 보는 시종이 밖에 서 있다. 동alba이 트자 시종은 기사를 불러 남의 눈에 띄지 않고 빠져나오게 해준다. 그다음의 이별 장면이 이 노래의 정점을 이룬다. 북부 프랑스인, 그리고 용감한 게르만인 역시 이러한 시풍과 그에 부합하는 기사의 연애 방식을 받아들였다. 우리의 옛 시인 에셴바흐Wolfram von Eschenbach[60]는 이런 외설적인 소재로 놀랍도록 아름다운 세 편의 노래를 남겼는데, 나로서는 이 노래들이 그의 세 편의 장편 영웅시보다 더 마음에 든다.

오늘날 부르주아적 결혼에는 두 가지 방식이 있다. 가톨릭 국가들에서는 종전과 마찬가지로 부모들이 젊은 부르주아 아들에게 적당한 아내를 얻어주는데, 그 결과 당연히 일부일처제에 내재된 모순이 전면에 나타난다. 즉 남편 측의 왕성한 난교와 아내 측의 왕성한 간통이다. 가톨릭 교회는 죽음을 막을 약이 없는 것처럼 간통을 막을 약도 없다고 확신했기 때문에, 오직 이 이유만으로 이혼을 폐지했을 것이다. 이에 반해 프로테스탄트 국가들에서는 일반적으로 부르주아의 아들이 자신이 속한 계급에서 다소 자유롭게 아내를 고르는 일이 허용된다. 그러므로 어느 정도의 사랑이 결혼의 토대가 될 뿐 아니라 체면상 이런 사랑이 항상 전제되는데, 이것이 프로테스탄트적 위선에도 걸맞다. 이 국가들에서는 일반적으로 남편의 난교가 그다지 활발하지 않고 아내의 간통도 적다. 그러나 인간은 어떤 결혼을 하든지 결혼하기 전과 동일한 인간이고, 프로테스탄트 국가의 부르주아들은 대개가 속물이다. 따라서 프로테스탄트적 일부일처제는 좋은 경우에 그저 사람들이 가정적 행복이라 부르는 납처럼 무겁고 권태로운 결혼 공동체가 될 뿐이다. 이러한 두 가지 결혼 방식을 보여주는 가장 좋은 거울은 소설이다. 가톨릭 방식에는 프랑스 소설이 있고, 프로테스탄트 방식에는 독일[61] 소설이 있다. 어느 소설에서든 '그는 그녀를 얻는다'. 독일 소설에서는 청년이 처녀를, 프랑스 소설에서는 결혼한 남자가 간통할 여자를 얻는다. 두 소설 가운데 어느 쪽이 더 저급한지는 명확하지 않다. 왜냐하면 프랑스 소설의 '패륜'이 독일의 속물에게 경악을 불러일으키듯, 독일 소설의 지루함은 프랑스 부르주아에게 끔찍하기 때문이다. 최근 '베를린이 세계적인 도시가 된' 이래로 독일 소설은 이곳에서 오래전부터 주지의 사실인 난교와 간통을 그리 겁내지 않게 되었다.

그러나 어느 경우든 결혼은 당사자의 계급적 위치에 의해 규정되며, 이런 점에서 언제나 정략 결혼이다. 이러한 정략 결혼은 경우를 막론하고 종종 극단적인 매춘—때로는 쌍방의, 그러나 아내의 매춘이 훨씬 더 일반적이다—으로 돌변하곤 한다. 아내가 보통의 매춘부와 다른 점은 그녀가 임금노동자처럼 한 번의 노동에 얼마씩 받고 몸을 임대하는 것이 아니라, 자신의 몸을 종신 노예로 팔아버린다는 것뿐이다. 푸리에의 다음과 같은 말은 모든 정략 결혼에 타당하다.

> 문법에서 두 개의 부정이 하나의 긍정을 의미하는 것처럼, 결혼 윤리에서 두 개의 매춘은 하나의 미덕으로 간주된다.[62]

아내와의 관계에서 성애가 진정한 규범이 되고, 또한 될 수 있는 것은 억압받는 계급에서만 가능하다. 즉 오늘날에는 프롤레타리아트에게서만 가능하다. 이러한 관계가 공식적으로 인정되는 관계인지 아닌지는 상관없다. 프롤레타리아트에게는 고전적인 일부일처제의 모든 기반이 제거된다. 일부일처제와 남성 지배를 만들어낸 것은 바로 재산의 보존과 상속인데, 프롤레타리아트는 재산이 없으므로 남성이 지배를 행사할 동기가 전혀 없고 그렇게 할 수단도 없다. 남성의 지배를 보장하는 민법은 오로지 재산 소유자를 위해서, 그리고 프롤레타리아트에 대한 재산 소유자의 관계를 위해서만 존재한다. 민법은 돈이 들기 때문에 가난한 노동자와 아내 간의 관계에서는 아무런 효력도 갖지 못한다. 여기서 결정적인 것은 완전히 다른 개인적·사회적 관계다. 게다가 대공업으로 인해 가정에 있던 여성이 종종 노동 시장과 공장으로 나가 가족의 부양자가 된 이래, 프롤레타리아트 가정에서 남성의 지배는 마지막 기반마저 상실했다—그러나 일부일처제가 도입된 이래 만연한 아내에 대한 폭력의 잔재는 아직 완전히 사라지지 않았다. 그래서 프롤레타리아트 가족은 두 사람이 극히 정열적으로 사랑하고 굳건하게 정조를 지키더라도, 그리고 모든 종교적·세속적 축복을 받았다고 하더라도, 엄격한 의미에서는 더 이상 일부일처제 가족이 아니다. 따라서 일부일처제의 영원한 동반자인 난교와 간통도 여기서는 그저 미미할 뿐이다. 아내는 이혼의 권리를 실질적으로 회복했으며, 서로가 화합하며 살기 어렵다면 차라리 이혼해버린다. 요컨대 프롤레타리아트의 결혼은 어원적 의미에서 일부일처제이지 역사적 의미에서는 결코 일부일처제가 아니다.

물론 법률가들은 법률이 진보할수록 여자들이 불만을 가질 근거가 점차 사라진다고 생각한다. 현대의 문명화된 법 체계는 첫째, 혼인이 유효하기 위해서는 양측의 자유의지에 의해 맺어진 계약이어야만 하며, 둘째로 혼인 중에 양측은 서로 동일한 권리와 의무를 갖고 대해야 한다는 점을 점점 더 인정하고 있다. 이러한 두 가지 요구가 일관성 있게 관철된다면, 여자들은 더 이상 아무것도 바랄 것이 없을 터이다.

이러한 순전히 법학적인 주장은 급진 공화파 부르주아가 프롤레타리아트를 진정시키려 할 때 사용하는 논법과 전적으로 동일하다. 노동 계약은 양측의 자유의지에 의해 체결된 계약이어야 한다. 그러나 법률이 양측을 종이 위에서 대등한 위치에 놓게 되면 노동 계약은 자유의지에 의해 체결되었다고 여겨진다. 계급적 위치가 달라서 한쪽은 힘을 가지게 되고, 다른 쪽은 그 힘에 의해 억압받는다는 것—양측의 현실적인 경제적 지위—에 대해서는 법률은 아무런 관심도 갖지 않는다. 그러고는 노동 계약이 지속되는 동안 한쪽이 명백하게 권리를 포기하지 않는 한, 양측은 동일한 권리를 가진다고 본다. 경제적인 사정으로 노동자가 동등권의 마지막 겉모습까지 포기할 수밖에 없더라도 법률은 역시 아무것도 하지 못한다.

결혼과 관련해서도 법률은 마찬가지다. 가장 진보한 법률이라 하더라도, 당사자들이 자유의지에 따라 결혼했음을 기록에 남도록 공식적으로 진술하기만 하는 수준에 머무른다. 법률의 무대 뒤편인 현실에서 실제로 무슨 일이 일어나며, 자발성이 어떻게 실현되는지에 대해서 법률이나 법률가는 신경 쓰지 않는다. 그럼에도 이러한 자발성이 무엇을 담는지를 법률가가 깨닫게 하려면, 간단하게 법제를 비교해주면 될 것이다. 자식들이 부모 재산의 일부를 반드시 상속받도록 법적으로 보장하는 나라, 그래서 자식의 상속권을 박탈하지 못하는 나라—독일, 프랑스 법을 따르는 나라 등—에서 자식들은 결혼할 때 부모의 동의를 받아야만 한다. 이에 비해 영국 법을 따르는 나라들에서는 부모의 승낙이 결혼의 법률적 요건이 아니다. 부모는 재산을 물려주는 것에 대해 완전한 자유를 가지고 자식들의 상속권을 자유로이 박탈할 수 있다. 그럼에도, 아니 바로 그렇기 때문에 영국과 미국에서도 상속할 재산이 있는 계급은 결혼의 자유가 사실상 프랑스와 독일보다 털끝만큼도 많지 않다는 점이 명백하다.

결혼한 남녀의 법률상 동등권도 사정은 크게 다르지 않다. 이전의 사회 상태에서 상속받은 남녀의 법적 불평등은 여성에 대한 경제적 억압의 원인이 아니라 결과다. 많은 쌍의 부부와 그 자식들을 포괄하던 원시 공산주의적 세대에서 아내들이 가사를 돌보는 일은 남편들이 식량을 조달하는 일과 똑같이 공적인, 즉 사회적으로 필요한 산업이었다. 그러나 가부장적인 가족의 등장과 함께, 더욱이 일부일처제 개별 가족의 등장과 함께 상황은 변했다. 가사를 돌보는 일은 공적 성격을 잃어버렸다. 그것은 더 이상 사회와 아무런 관련이 없게 되었고, 사적인 일이 되었다. 아내는 사회적 생산에 대한 참여에서 배제된 우두머리 하녀가 되었다. 현대의 대공업이 비로소 여성에게—그것도 오직 프롤레타리아트 여성에게만—사회적 생산으로의 길을 다시 열어주었다. 그러나 여기서도 그녀가 가족에 대한 사적인 노동의 의무만을 한다면, 그녀는 공적 생산에서 배제되어 아무런 벌이도 하지 못하게 된다. 만일 그녀가 공적인 산업에 참여해 독립적인 벌이를 하고자 한다면, 그녀는 가정에서의 의무를 다하지 못하게 된다. 여성은 공장에서만이 아니라 의사와 변호사를 포함하여 모든 직업에서 이와 동일한 상황에 처해 있다. 현대의 개별 가족은 아내의 공공연한, 혹은 은폐된 가내 노예제에 기초하며, 현대 사회는 이런 개별 가족들을 분자로 해서 구성된 집단이다. 오늘날 대다수의 경우에 남편은, 최소한 유산 계급에서는 생계를 책임지는 사람, 즉 가족의 부양자임이 분명하다. 이것이 바로 남편에게 지배적인 지위를 부여하는데, 이것은 법률상의 별도의 특권을 필요로 하지 않는다. 가족 내에서 남편은 부르주아고, 아내는 프롤레타리아트를 대표한다. 그런데 산업 세계에서는 자본가 계급의 모든 법률적인 특권이 제거되고 자본가와 프롤레타리아트 두 계급이 법률적으로 완전한 동등해진 후에야, 비로소 프롤레타리아트를 억누르는 경제적 억압의 특성이 가장 첨예하게 나타난다. 민주주의 공화제는 두 계급의 대립을 지양하지 못하며, 오히려 이 대립이 끝까지 싸워서 해결될 수 있는 지반을 제공한다. 마찬가지로 남편과 아내가 법적으로 온전히 동등한 권리를 가지게 될 때 비로소 현대 가족에서 아내에 대한 남편의 지배가 가지는 특성, 그리고 부부의 진정한 사회적 평등을 수립할 필요성과 방법이 명백하게 드러날 것이다. 그러면 여성 해방의 전제 조건은 모든 여성이 공적 산업으로 복귀하는 것이다. 그리고 이를 위해서는 사회의 경제적 단위라는 개별 가족의 성격이 제거되어야 한다는 점이 명백해질 것이다.

앞에서 본 바와 같이 혼인에는 일반적으로 인류 발전의 세 가지 주요 단계에 상응하는 세 가지 형태가 있다. 야만 시대에는 군혼, 미개 시대에는 대우혼, 문명 시대에는 간통과 매춘으로 보완되는 일부일처제가 그러하다. 대우혼과 일부일처제 사이에 있는 미개의 높은 단계에서, 여자 노예에 대한 남자의 지배와 일부다처제가 끼어든다.

지금까지의 서술에서 보듯이, 이러한 순서로 나타나는 진보의 특징은 여자는 군혼의 성적 자유를 점점 박탈당해온 반면, 남자는 그렇지 않다는 것이다. 사실상 남자는 오늘날까지도 군혼 생활을 한다. 여자에게는 범죄가 되고 법적·사회적으로 무거운 결과를 초래하는 일이 남자에게는 명예로운 일, 최악의 경우에도 기꺼이 용인되는 가벼운 도덕적 흠집으로 간주된다. 그러나 난교의 관습은 오늘날 자본주의적 상품생산에 영향을 받아 이에 적응할수록, 공공연하게 매춘의 형태를 띨수록, 사람들을 더욱 타락시킨다. 특히 여자보다 남자를 훨씬 더 타락시킨다. 여자의 경우, 매춘은 그것에 빠진 불행한 여자만을 타락시키며, 또한 흔히 생각하는 것처럼 이들을 그렇게 심하게 타락시키는 것도 아니다. 이에 반해 매춘은 남성 전체의 품성을 떨어뜨린다. 그래서 장시간에 걸친 남자의 약혼 생활은 십중팔구 부부 간의 부정을 배우는 공식적인 예비학교가 된다.

이제 우리는 일부일처제의 경제적 기초도, 그 보완물인 매춘의 경제적 기초도 확실하게 소멸시킬 사회적 변혁을 향해 나아가고 있다. 일부일처제는 비교적 많은 부가 한 사람의 수중에, 특히 남자의 수중에 집중된 결과 나타났으며, 이러한 부를 자식들에게 상속하려는 욕구에서 발생했다. 그러므로 남자의 일부일처제가 아니라 여자만의 일부일처제가 요구되었고, 이것은 남자의 공공연하면서도 은폐된 일부다처제를 가능하게 했다. 그러나 다가올 사회적 변혁은 적어도 상속할 수 있는 부—생산 수단—의 대부분을 사회적 소유로 전환함으로써, 상속에 대한 관심을 최소한도로 줄여야 한다.

그런데 일부일처제가 경제적 원인에서 생겨났다고 해서, 이러한 원인이 사라지면 일부일처제도 사라질 것인가?

이 질문에 다음과 같이 대답해도 틀리지 않을 것이다. 일부일처제는 사라지기는커녕 오히려 완전하게 실현될 것이다. 왜냐하면 생산 수단이 사회적 소유로 전환됨과 함께 임노동도 프롤레타리아트도 소멸되어, 일정한 수—통계적으로 계산될 수 있는—의 여자들이 돈을 받고 몸을 팔아야 하는 필요성도 소멸될 것이기 때문이다. 매춘은 사라지지만, 일부일처제는 사라지는 대신에 마침내 남성에 대해서도 현실이 될 것이다.

따라서 남자의 지위는 많이 변할 것이다. 그러나 모든 여자의 지위 또한 중요한 변화를 겪는다. 생산 수단이 공동 소유로 이행하면서 개별 가족은 사회의 경제적 단위가 아니게 된다. 사적인 가사는 사회적 산업으로 전환된다. 아이들을 돌보고 교육하는 일은 공적인 업무가 될 것이다. 사회는 적자든 사생아든 모든 아이들을 평등하게 보살핀다. 그래서 오늘날 처녀가 사랑하는 남자에게 마음 놓고 자신을 맡기지 못하는 가장 본질적인 사회적 요인—도덕적으로나 경제적으로나—인 그 '결과'에 대한 걱정이 사라지게 될 것이다. 그것은 거리낌 없는 성교와 처녀의 명예 및 여자의 수치에 대해 보다 관대한 여론이 점차적으로 나타나게 하는 충분한 원인이 되지 않을까? 우리는 현대의 일부일처제와 매춘이 서로 대립적이긴 하지만 불가분의 대립물이며 동일한 사회 상태의 양극단이라는 점을 보지 않았는가? 과연 일부일처제가 소멸되지 않는데도 매춘이 사라질 수 있을까?

여기에서 일부일처제가 형성되던 시기에 기껏해야 맹아로 존재했던 하나의 새로운 계기, 즉 개인적 성애가 작용하게 된다.

중세 이전에 개인적 성애는 전혀 문제가 되지 않았다. 외모의 준수함, 친밀한 교제, 같은 취향 등은 이성과의 성교에 대한 욕망을 불러일으켰으며, 남자도 여자와 마찬가지로 누구와 이런 친밀한 관계를 맺었는지에 대해 무관심하지 않았다. 그러나 당시와 오늘날의 성애 사이에는 엄청난 거리가 있다. 고대에는 부모가 혼인을 결정하고, 당사자들은 잠자코 따를 뿐이었다. 고대에서 보이는 약간의 부부애는 결코 주관적 선호가 아니라 객관적 의무로, 혼인의 기초가 아니라 혼인의 보완물이다. 현대적 의미의 애정 관계는 고대에서는 공적 사회의 바깥에만 존재한다. 테오크리토스Theokritos와 모스코스Moschos는 롱고스Longos가 쓴 목동 다프니스와 클로에[63]의 사랑의 기쁨과 고통을 찬미하는데, 이들은 자유민의 생활 영역인 국가에는 전혀 참여하지 못하는 노예다. 그러나 노예의 경우를 제외한다면 애정 행위는 단지 몰락해가는 고대 세계의 잔해로만 존재했으며, 그나마도 공적 사회의 바깥에 있는 여자들인 헤테레, 외국인, 해방된 노예와의 애정 행위였다. 이는 몰락 전야의 아테네와 제정 시대의 로마에서 볼 수 있다. 자유민 남녀 사이에 애정 행위가 실제로 있었다면, 그것은 간통일 뿐이었다. 고대의 고전적 연애시인인 늙은 아나크레온Anacreon에게 현대적 의미의 사랑은 아무래도 상관 없는 것이었고, 심지어 애인의 성별조차 아무 상관 없었다.

현대의 성애는 고대인들의 단순한 성적 욕망, 즉 에로스와는 본질적으로 다르다. 첫째, 현대의 성애는 사랑받는 사람이 상대방도 사랑하는 것을 전제로 한다. 이런 점에서 여자는 남자와 동등하다. 그러나 고대의 에로스에서는 여자의 사랑은 전혀 문제가 되지 않았다. 둘째, 현대의 성애는 어느 정도의 강도와 지속성을 가지는데, 이로 인해 실연과 이별은 두 사람에게 상당한 불행이다. 그들은 서로를 얻기 위해서 목숨까지 거는 커다란 모험을 하는데, 고대에는 기껏해야 간통에서나 그랬다. 그리고 끝으로 성관계를 판단하기 위한 새로운 도덕적 기준이 나타난다. 이 기준은 단지 다음 사항만을 문제 삼는다. 즉 성관계가 혼인에 의한 것인가 아니면 혼인 외적인 것인가? 또한 서로의 사랑에서 나온 것인가? 이 새로운 기준이 중세와 이후 부르주아의 행동에서 다른 도덕적 기준보다 덜 중시되었음은 분명하다—이 기준은 무시되고 있다. 그러나 이것이 다른 기준보다 더 경시되지도 않는다. 이것은 다른 도덕적 기준들만큼이나—이론적으로, 종이 위에서—인정받고 있다. 그러나 지금은 그 이상의 것을 요구하기 어렵다.

고대가 성애로 진행하는 발걸음을 멈춘 지점에서 중세는 다시금 간통을 시작한다. 우리는 여명의 노래를 만들어낸 기사의 사랑에 대해 이미 이야기했다. 혼인을 파탄시키려는 이러한 사랑에서 혼인의 토대가 되어야 하는 사랑까지는 여전히 먼 길이 남아 있으며, 기사도로는 이 길을 끝까지 가지 못한다. 문란한 라틴 민족을 떠나 행실이 바른 게르만인에게 눈을 돌리더라도, 우리는《니벨룽겐의 노래》에서 다음을 보게 된다. 크림힐트는 지크프리트가 그녀를 사랑하는 것만큼 그를 사랑함에도, 군터가 이름도 모르는 기사에게 그녀를 주기로 약속했다는 통보를 받고 그저 이렇게 대답한다.

> 저에게 부탁하실 필요가 없습니다. 당신께서 명령하신다면 저는 항상 따를 것입니다. 전하가 저에게 남편으로 정해주시는 사람과 기꺼이 약혼하겠습니다.

여기에서 그녀는 자신의 사랑이 고려되리라고는 전혀 생각조차 못한다. 군터는 브륀힐트에게, 그리고 에첼은 크림힐트에게 얼굴도 한 번 보지 않고 구혼한다. 마찬가지로《구트룬 *Gutrun*》[64]에서도 아일랜드의 지게반트가 노르웨이의 우테에게, 헤겔링겐의 헤텔이 아일랜드의 힐데에게, 끝으로 모를란트의 지크프리트, 오르마니엔의 하르트무트, 제에란트의 헤르비히가 구트룬에게 구혼한다. 그리고 여기에서 처음으로 구트룬은 자유의지로 제에란트의 헤르비히를 선택하기에 이른다. 통상적으로 젊은 군주의 신부는 이 군주의 부모가 아직 살아 있다면 부모가 고르고, 그렇지 않은 경우에는 그 문제에 대해 강력한 발언권을 가진 대신들의 조언을 듣고 군주 자신이 선택한다. 이 밖에 다른 방법은 없다. 군주의 경우와 마찬가지로 기사나 제후의 경우도 결혼은 하나의 정치적 행위, 즉 새로운 동맹을 통해 세력을 확장하는 기회다. 결혼을 결정하는 것은 가문의 이해관계이지, 개인의 의향이 아니다. 그러니 혼인에서 어떻게 사랑이 최종적인 결정권을 가진다고 하겠는가?

중세 도시에 살던 동업조합 시민의 경우도 이와 다르지 않다. 동업조합 시민을 보호하던 특권, 여러 가지 유보 조항이 있는 동업조합 규약, 다른 동업조합에서부터 같은 동업조합의 동료와 자신의 장인과 도제들까지 법률적으로 구분하던 매우 인위적인 경계선이 이미 그가 아내를 구할 수 있는 범위를 충분히 좁혀놓았다. 이처럼 얽히고설킨 제도하에서 누가 가장 적당한 아내인지를 결정하는 것은 필연적으로 개인적 의향이 아니라 가족의 이해관계였다.

그래서 중세 말까지 대부분의 결혼은 애초에 그랬던 것처럼 여전히 당사자들에 의해 결정되지 않았다. 처음에는 누구든지 태어날 때 이미 혼인이 정해져 있었다—이성의 한 집단 전체와 이미 결혼하기로 되어 있었다. 군혼의 좀 더 후기 형태에서도 단지 그 집단의 범위가 계속 좁아졌을 뿐이지 사정은 크게 다르지 않았다. 대우혼의 경우에도 통상적으로 어머니가 자식들의 결혼을 정했고, 새로운 친족 유대를 통해 젊은 부부의 지위가 씨족과 부족 내에서 좀 더 강화될 수 있는가가 결정적인 고려 사항이었다. 그리고 사적 소유가 공동 소유를 압도하게 되면서 상속에 대한 관심이 나타나 부권제과 일부일처제가 지배하게 되었을 때, 결혼은 확실히 경제적인 요소에 좌우되었다. 매매혼의 형식은 사라지지만, 실제로는 더욱 강력하게 관철되어서 여자뿐만 아니라 남자도 가격—인품이 아니라 재산에 따라서—을 갖게 된다. 당사자 간의 호감이 결혼의 기초가 되는 것은 지배 계급의 관행에서는 애당초 있기 어려운 일이다. 그런 것들은 기껏해야 낭만주의 문학이나 하잘것없는 피억압 계급에나 존재했다.

지리상의 발견 이래로 자본주의적 생산이 세계 무역과 매뉴팩처를 통해 세계를 지배하는 일에 착수했을 때의 상황은 이러했다. 이러한 결혼 방식이 자본주의적 생산에 꼭 맞다고 생각했고, 실제로도 그랬다. 그럼에도—세계사의 아이러니는 헤아리기 어려운 것으로—다름 아닌 바로 자본주의적 생산이 결혼 방식에 결정적인 돌파구를 뚫었다. 자본주의적 생산은 모든 것을 상품으로 바꿈으로써 모든 전통적인 관계를 해체했고, 전래의 관습과 역사적 권리를 매매와 '자유' 계약으로 대체했다. 영국의 법률가인 메인H. S. Maine[65]이 대단한 발견이라고 믿는 주장에 따르면, 이전 시대에 비해 우리가 이룩한 모든 진보는 신분에서 계약으로, 즉 세습적으로 전해 내려오는 상태에서 자유의지로 계약을 맺는 상태로 이행했다는 점이다. 이 주장은 그것이 옳은 한에서 이미 《공산당선언*Manifest der Kommunistischen Partei*》[66]에 서술되어 있다.

계약을 체결하기 위해서는 자신의 인격과 행위, 재산을 자유로이 할 수 있고, 서로 동등한 권리를 가진 사람들이 있어야 한다. 이러한 '자유롭고' '평등한' 사람들을 만들어내는 것이 바로 자본주의적 생산의 주된 과업의 하나였다. 처음에 이것은 그저 반쯤 의식적으로, 게다가 종교적으로 위장된 방식으로만 일어났다. 그래서 루터Martin Luther와 칼뱅Jean Calvin의 종교개혁 이래 인간은 완전한 자유의지를 가지고 행동한 경우에만 행위에 대해 전적으로 책임을 지며, 비도덕적인 행위에 대한 압력에는 저항하는 것이 도덕적 의무라는 교의가 확립되었다. 그런데 이것이 어떻게 지금까지의 결혼 관행과 조화를 이루었는가? 부르주아적 견해에 따르면 결혼은 계약 즉 법률 행위로, 모든 법률 행위 중에서 가장 중요한 것이다. 왜냐하면 그것은 두 사람의 육체와 정신을 일생 동안 결정하기 때문이다. 물론 과거에도 결혼이라는 법률 행위는 형식적으로는 자유의지로 체결되었다. 즉 당사자의 승낙 없이는 이루어지지 않았다. 그러나 사실상 어떻게 승낙이 얻어지고, 누가 혼인을 맺는지는 너무나 잘 알려져 있었다. 그런데 다른 모든 계약에서는 진정한 결정의 자유가 요구되었는데, 왜 결혼 계약에는 이것이 요구되지 않았는가? 결혼하게 될 두 젊은이는 자기 자신, 즉 자신의 신체와 그 기관을 자유로이 결정할 권리를 가지지 못했는가? 기사도 덕분에 성적 사랑이 유행하게 되지 않았는가? 기사들의 간통과 연결된 사랑에 비하면 결혼한 부부의 사랑이야말로 성애의 올바른 시민적 형태가 아니었는가? 그런데 서로를 사랑하는 것이 부부의 의무라면, 다른 사람이 아니라 바로 사랑하는 사람들끼리 결혼하는 것 역시 사랑하는 사람들의 의무가 아닌가? 사랑하는 사람들의 권리가 부모와 친족, 기타 인습적인 중매쟁이보다 더 귀중한 것이 아닌가? 개인의 자유로운 권리가 교회와 종교의 영역으로도 거침없이 뚫고 들어가는 터에, 어떻게 젊은 세대의 육체와 영혼, 재산, 행운과 불행을 마음대로 하려는 구세대의 참을 수 없는 요구 앞에서 이 권리를 행사하지 않을 수 있었는가?

사회의 모든 낡은 유대가 느슨해지고 모든 전래된 관념이 동요하던 시대에 이러한 의문들이 제기되었다. 세계는 단번에 거의 10배나 커졌다. 이제 서구인들의 눈앞에는 반구의 4분의 1이 아니라 지구 전체가 놓였으며, 그들은 나머지 8분의 7을 점유하려고 서둘렀다. 그리고 낡고 좁은 고향의 울타리가 무너진 것처럼, 1,000년간 지속된 중세의 규정된 사고 방식이라는 울타리 또한 무너졌다. 인간의 내면적인 눈뿐 아니라 외면적인 눈에도 훨씬 더 광대한 지평선이 열렸다. 인도의 부, 멕시코와 포토시의 금·은광에 현혹된 젊은이에게 예절바르다는 평판이나 대대로 물려받은 명예로운 동업조합의 특권이 무슨 의미가 있겠는가. 이때는 부르주아 편력기사의 시대였다. 이 시대에도 나름의 낭만과 열광적인 사랑이 있었지만, 이는 부르주아적 토대 위에서 결국은 부르주아적 목적을 가진 것이었다.

그래서 신흥 부르주아 계급, 특히 기존 질서가 가장 심하게 동요하던 프로테스탄트 국가의 부르주아 계급은 결혼에 대해서도 점차 계약을 인정하게 되었고, 앞에서 서술한 방식으로 관철되었다. 결혼은 여전히 계급 결혼이었지만, 계급 내부에서는 당사자에게 어느 정도 선택의 자유가 허용되었다. 그리고 종이 위, 즉 시적 표현이나 도덕 이론에서는 상호 간의 성애와 부부 간의 자유로운 합의에 기초하지 않은 모든 결혼은 비도덕적이라는 명제가 확고부동하게 확립되었다. 요컨대 연애 결혼은 인권으로 선언되었고, 그것도 남자의 권리로서뿐 아니라 특히 여자의 권리로서 선언되었다.

그러나 이 인권은 한 가지 점에서 다른 모든 인권과 구분된다. 다른 모든 인권은 사실상 지배 계급인 부르주아지에 국한되어 있었고, 피억압 계급인 프롤레타리아트는 직접적으로든 간접적으로든 인권을 침해받았다. 그러나 여기에서 다시금 역사의 아이러니가 작용한다. 지배 계급은 여전히 앞서 말한 경제적 영향의 지배를 받기 때문에 그저 예외적인 경우에나 자유로운 결혼을 하지만, 피지배 계급의 경우에는 이미 보았듯이 이것이 일반적인 현상이다.

따라서 결혼의 완전한 자유는 자본주의적 생산과 이를 통해 형성된 소유 관계, 예컨대 오늘날 아직도 배우자 선택에 강력한 영향을 미치는 모든 부차적인 경제적 동기가 이 제거되었을 때에야 비로소 보편적으로 실행될 수 있다. 그러면 상호 간의 애정 외에 다른 어떤 동기도 남지 않게 된다.

그런데 성애는 본질적으로 배타적이기—오늘날 이러한 배타성은 오직 여자만 철저하게 실현하지만—때문에, 성애에 기초한 결혼은 단혼이다. 이미 본 바와 같이 바호펜은 군혼에서 단혼으로의 진보는 주로 여자가 이룩했다고 올바르게 보았다. 다만 대우혼에서 일부일처제로의 진전은 남자 탓이다. 그리고 이러한 진전은 역사적으로 여자의 지위를 악화시키고, 남자의 부정을 조장했다. 이제 남자들의 이러한 관습적인 부정을 감수하도록 만드는 경제적인 고려—여자 자신의 생존과 나아가 자식들의 장래에 대한 염려—가 사라지면, 여자도 평등한 지위를 달성할 것이다. 그것은 지금까지의 경험에 비추어 볼 때 여자의 일처다부제보다는 남자의 진정한 일부일처제가 되도록 훨씬 더 강력하게 작용할 것이다.

이러한 일부일처제로 인해, 소유 관계에서 일부일처제가 나타나면서 생긴 모든 특성은 완전히 제거될 것이다. 그것은 첫째로 남자의 지배이며, 둘째로 이혼의 불가능이다. 결혼에 있어서 남자의 지배는 경제적 지배의 결과일 뿐이며, 남자의 경제적 지배가 소멸되면 남자의 지배도 자연히 소멸된다. 이혼의 불가능은 일부일처제를 성립시킨 경제적 상황의 결과지만, 부분적으로는 이 경제적 상황과 일부일처제의 연관이 올바르게 이해되지 않은 채 종교적으로 과장되었던 시대의 전통이다. 이혼의 불가능은 이미 오늘날에도 몇천 번이나 위반되었다. 만약 사랑에 기초한 결혼만이 도덕적이라고 한다면 사랑이 지속되는 동안의 결혼만이 도덕적이다. 그러나 성애의 열정이 지속되는 기간은 개인마다 매우 다르며, 특히 남자의 경우에 더욱 그러하다. 애정이 완전히 식어버리거나 새로운 정열적인 사랑이 찾아온다면, 이혼은 두 사람에 대해서나 사회에 대해서나 선한 행위가 된다. 사람들은 이혼 소송이라는 쓸데없는 진흙탕을 거치지 않아도 되는 것이다.

그래서 자본주의적 생산이 조만간 일소된 후 양성 관계의 질서에 대해 지금 예상할 수 있는 것은 주로 우리가 부정적으로 여기는 것들로서, 대부분 소멸하는 것들에 국한된다. 과연 무엇이 새로 나타날 것인가? 그것은 새로운 세대가 성장했을 때 결정될 것이다. 그 세대는 평생 돈이나 사회적인 권력 수단으로 여자의 몸을 사는 경우가 없을 남자들과, 진정한 사랑 이외의 다른 이유로 남자에게 몸을 맡기거나 경제적인 상황 때문에 사랑하는 사람을 거절하는 적이 평생 한 번도 없게 될 여자들의 세대다. 이런 사람들이 생겨났을 때, 이들은 오늘날의 사람들이 그들이 해야만 한다고 믿는 것을 전혀 개의치 않고 행하게 될 것이다. 자신의 실천을 스스로 만들 것이고, 이에 근거해 각 개인의 실천에 대한 여론을 스스로 만들 것이다—이것이 전부다.

지금 우리는 지금 모건에게서 상당히 멀리 떨어져 있는데, 다시 모건으로 돌아가자. 문명 시기에 발전된 사회 제도를 역사적으로 연구하는 일은 그의 저작의 틀에서 벗어난다. 따라서 그는 이 시기의 일부일처제의 운명을 간단하게 다룬다. 그 역시 일부일처제 가족의 계속적인 발전을 진보로, 즉 양성의 완전한 동등권에 접근하는 것으로 본다. 그럼에도 그는 이러한 목적이 달성되었다고 생각하지 않는다. 그는 다음과 같이 말한다.

> 가족이 네 가지 형태를 차례로 거치고 이제는 다섯 번째 형태에 있음을 인정한다면, 이 형태가 미래에도 지속될 수 있을 것인가 하는 의문이 생긴다. 이에 대해 유일하게 가능한 대답은, 지금까지와 같이 가족은 사회가 진보함에 따라 진보하고 사회가 변화하는 것과 같은 정도로 변화하리라는 점이 분명하다는 것이다. 가족은 사회 제도의 산물이며, 사회 제도의 문

화 수준을 반영한다. 일부일처제 가족은 문명이 시작된 이래 계속 개선되었고, 현대에 와서는 현저하게 개선되었다. 따라서 일부일처제 가족은 양성 평등이 달성될 때까지 계속 완전함에 다가설 가능성이 있음을 예상할 수 있다. 먼 미래에 일부일처제 가족이 사회의 요구를 충족시키지 못하게 되는 경우, 그 뒤를 잇는 가족 형태가 어떤 속성을 갖게 될지를 예측하는 일은 불가능하다.[67]

해제

《가족, 사적 소유, 국가의 기원》으로 여성 해방에 대해 사유하기

1. 《가족, 사적 소유, 국가의 기원》, 마르크스주의적 여성 이론의 시작

《가족, 사적 소유, 국가의 기원》의 초판 서문에서 밝히듯이, 엥겔스는 마르크스의 유고를 정리하면서 마르크스가 미국의 인류학자인 모건의 《고대 사회》에서 여러 부분을 발췌하고 비판적 주해를 달아놓은 것을 발견했다. 엥겔스는 모건의 책이 마르크스와 자신이 완성한 유물론적 역사 인식에 부합하고 그들이 제시한 원시 공동체에 대한 견해를 증명해주고 있음을 확신했고, 이 주제에 대해 상세히 저술할 필요가 있다고 판단했다.[68]

마르크스와 엥겔스는 이미 1845년에 출간한 《신성 가족 *Die heilige Familie*》에서 역사의 시대적 변화는 자유를 향한 여성의 진보와 비례하며, 여성 해방이 이루어진 정도가 인간의 보편적 해방을 측정하는 자연적 척도이고, 여성을 노예 상태에 놓음으로써 가장 심한 응징을 받는 사람은 다름 아닌 남성이라는 푸리에의 견해를 인용하면서 여성 해방에 대한 입장을 밝힌다.[69] 즉 남성에 대한 여성의 관계, 강자에 대한 약자의 관계를 통해서 인간이 어느 정도까지 원시적 야만성을 극복했는지를 가장 명확히 알 수 있기 때문에, 여성의 자유와 양성 평등의 정도로 인류의 진보 상태를 가늠해볼 수 있다는 것이다. 여성에 대한 남성의 억압은 곧 남성 스스로에 대한 억압이고, 여성 해방이 곧 남성 해방이라는 변증법적 인식은 마르크스주의 여성 해방론의 기초를 제공한다.

1846년에 출간한 《독일 이데올로기*Die Deutsche Ideologie*》에서는 역사가 존재하기 위해 세 가지 전제가 있어야 한다고 말한다.[70] 첫째 인간은 물질적 생산을 통해 의식주에 대한 욕구를 충족시켜야 한다. 둘째 의식주에 대한 욕구와 이것을 충족시키기 위한 행위와 도구가 새로운 욕구를 낳는다. 셋째 다른 인간 개체를 만들어내는 번식으로, 이를 통해 남편과 아내, 부모와 자식 사이의 관계인 가족이 탄생한다. 시초에는 가족이 유일한 사회적 관계였으나 인간의 욕구가 증가하면서 새로운 사회 관계가 형성되었고, 인구 증가로 인해 새로운 욕구가 생겨나 가족은 종속적인 것이 되어버렸다고 주장한다. 따라서 가족은 관념적으로 분석될 수 없고, 존재하는 경험적 자료에 의거해서 다루어지고 전개되어야 한다는 것이다. 이러한 주장에 따라 훗날 엥겔스는 《가족, 사적 소유, 국가의 기원》에서 모건의 인류학적 발견과 자료에 근거해 가족사를 전개한다. 한편 가족 내에서의 원초적이고 자연발생적인 성적 분업은 노동 생산물에 대한 불평등한 분배와 소유로 인해 아내와 아이들을 남편의 노예로 만들었다고 지적한다.[71] 마르크스와 엥겔스는 이를 가족 내의 잠재적인 노예 상태로 본다.

1848년의《공산당선언》에서는 부르주아지가 가족 관계에 드리워진 감성적인 베일을 찢고 가족 관계를 화폐 관계로 전환시켰으며,[72] 반면에 프롤레타리아트는 재산이 없기 때문에 그의 가족 관계는 부르주아지의 가족 관계와 전혀 공통점이 없다고 주장한다. 자본주의에서 완벽하게 발전된 형태의 가족은 오로지 부르주아에게만 존재하고, 이것을 보완해주는 것이 프롤레타리아트에게 강요된 가족의 부재와 공공 매춘이라는 것이다. 그러나 부르주아의 경우 아내는 단지 생산 도구로 여겨지며, 프롤레타리아트는 가족적 유대가 끊어져 아이들이 단순한 상품이나 노동 도구로 전락하고 만다.[73] 이러한 부정적인 가족 관계는 자본주의적 생산 관계에서 파생했기 때문에 자본주의적 생산 관계를 철폐하면 이러한 가족 관계는 자연히 폐지되며, 동시에 부르주아지의 공식적 매춘(마르크스와 엥겔스는 부르주아지는 정략 결혼을 할 수밖에 없으며, 정략 결혼은 자신의 몸을 종신 노예로 팔아버리는 매춘이라고 본다)도 프롤레타리아트의 비공식적 매춘도 사라진다고 주장한다.

1867년에 나온《자본론》제1권에서는 자본주의적 생산이 어떻게 성과 나이에 상관없이 노동자 가족의 모든 구성원을 자본의 직접적인 지배 아래에 편입시켰는지 설명한다. 자본이 어떻게 프롤레타리아트 여성이나 아동의 노동을 극심하게 착취했으며, 이로 인해 프롤레타리아트의 가족이 어떻게 해체되고 육체적 · 정신적 쇠락과 도덕적 타락을 입었는지를 여러 문헌과 자료를 인용해 적나라하게 서술한다.

한편 엥겔스는 1845년에 출간한《1844년 영국 노동 계급의 상황*The Condition of the Working Class in England in 1844*》에서 공장에서는 남성뿐 아니라 여성도 12~13시간 노동한다고 지적한다. 아이들은 잡초처럼 방치되어 종종 끔찍한 사고를 당하며 이런 일을 막기 위해 아이들에게 수면제를 투여하기도 한다고 이야기한다.[74] 대개의 가족이 사랑은커녕 서로 남남처럼 살고 있으며, 이로 인해 가족은 해체되거나 해체 직전에 있다. 특히 공장제 생산이 남성 노동보다 값싼 여성 노동을 선호하면서 아내가 바깥일을 하고 남편이 집안일을 하는 경우가 생기고, 이로 인해 남편에 대한 아내의 지배가 나타나게 되는데 이는 아내에 대한 남편의 지배만큼이나 비인간적이라고 주장한다.

이처럼 여러 저작에서 산발적으로 간략하게 제시되는 가족과 여성 문제에 대한 마르크스와 엥겔스의 사유가 바로

《가족, 사적 소유, 국가의 기원》에 체계적으로 집대성되어 있다. 이 책은 인류학적 증거와 유물론적 역사 인식에 바탕을 두고 여성 종속의 원인과 여성 해방을 위한 실천적인 틀을 제시하는 마르크스주의의 기본적인 지침서다.

유물론적 역사 인식에 의하면 역사의 발전과 진행을 최종적으로 결정하는 것은 관념이나 정신이 아니라 현실적인 삶의 생산과 재생산이다. 엥겔스가 초판 서문에서 지적하듯이 이러한 인간의 생산과 재생산은 두 가지를 내포한다. 하나는 생활 수단의 생산, 즉 생존에 필요한 여러 생필품과 이 생필품을 생산하는 도구의 생산이며, 다른 하나는 인간 자체의 생산, 즉 종족 번식이다. 이 두 가지 생산은 사회 체제가 어떠하든—자본주의든 봉건주의든, 혹은 원시 사회든—또 가족이나 혼인 제도가 어떠하든—대가족 제도든 핵가족 제도든, 일부일처제든, 다처다부제든—인간이 존속하기 위한 기본적인 요건이다. 이 이중의 생산이 없다면 인류의 역사 발전은커녕 인간이라는 종 자체가 곧 사라질 것이다.

그런데 이와 함께 다음과 같은 의문이 제기된다. 왜 원시 시대에는 공동 생산과 공동 소유 그리고 집단 가족과 군혼이 지배적이었는데, 오늘날 자본주의 시대에는 사적 소유와 소가족 제도 그리고 일부일처제가 지배적인가? 다시 말하면 왜 각 역사적 발달 시기마다 상이한 형태의 사회 체제와 가족 및 혼인 제도가 발달했는가? 그리고 이러한 사회 체제와 가족 제도는 어떻게 상응하는가? 또한 오랜 역사 발전을 통해 오늘날의 사회 체제와 가족 제도를 나타나게 한 것은 무엇인가? 나아가 사회 체제와 가족 제도는 여성의 지위나 삶과 어떤 관계에 있는가?

이에 대한 대답이 《가족, 사적 소유, 국가의 기원》에 제시된다. 엥겔스는 우선 무규율적 성교의 원시 상태에서 이후 나타나는 네 가지 가족 형태—혈연 가족, 푸날루아 가족, 대우혼 가족, 일부일처제 가족—의 발전 과정을 서술한다. 엥겔스에 따르면 대우혼 가족이 발전하면서 그가 '여성의 세계사적 패배'로 묘사한 모권에 대한 부권의 승리와 남성에 대한 여성의 종속이 발생한다. 그 결과 문명의 시작을 알리는 징후 가운데 하나인 일부일처제 가족이 등장한다. 즉 당시 목축과 농경이 도입되면서 이전까지와는 질적으로 다른 사회적 생산력이 발달했고, 이는 잉여 생산과 부의 증가로 이어져 사적 소유가 나타나게 된다. 엥겔스는 여성의 세계사적 패배의 원인을 이 사적 소유에서 찾는다. 잉여 생산물과 이것을 생산하는 가축, 노예 등의 생산 수단에 대한 소유권은 남편에게 있었고, 부가 증가함에 따라 남자들은 재산을 자식에게 상속하려는 욕구 때문에 모권제를 전복하고 부권제를 세웠다는 것이다. 동시에 자신의 자식을 확실히 하도록 일부일처제를 확립했고, 이는 여성의 종속을 더욱 강화시켰다. 일부일처제 확립과 함께 그 전까지는 종족 보존 차원에서 공동체 전체의 공적인 관심사이자 공적 노동이었던 육아와 가사가 사적 노동으로 전락하게 되었다.

따라서 엥겔스는 여성 해방을 위해서는 여성 종속의 가장 중요한 계기인 사적 소유를 철폐하고, "적어도 상속할 수 있는 부—생산 수단—의 대부분을 사회적 소유로 전환함으로써 상속에 대한 관심을 최소한도로 줄여야 한다"[75]고 주장한다. 이러한 변혁은 여성의 지위와 가족 관계에도 중요한 변화를 야기한다. 즉 "생산 수단이 공동 소유로 이행하면서 개별 가족은 사회의 경제적 단위가 아니게 된다. 사적인 가사는 사회적 산업으로 전환"되고 "아이들을 돌보고 교육하는 일은 공적인 업무"[76]가 된다. 《가족, 사적 소유, 국가의 기원》 제9장 〈미개와 문명〉에서 엥겔스는 여성 해방을 위한 조건을 다음과 같이 이야기한다.

> 여성 해방, 즉 남녀평등은 여성이 사회적인 생산 노동에서 배제되어 사적인 가사 노동에만 갇혀 있는 한 불가능하며 앞으로도 계속 불가능할 것이라는 점이 이미 여기에서 명백해진다. 여성 해방은 대다수의 여성이 사회적인 생산에 참여할 수 있게 되고, 가사 노동에 별 노력을 들이지 않게 될 때에야 비로소 가능하다. 그런데 이것은 현대의 대공업에 의해서 비로소 가능하게 되었다. 현대의 대공업은 여성 노동을 대대적으로 허용할 뿐 아니라 본격적으로 요구하며, 사적인 가사 노동

을 더욱더 공적인 산업으로 해소하고자 한다.[77]

엥겔스는 여성 해방이 한편으로는 사적 소유를 폐지하고, 다른 한편으로는 공적 산업에 여성이 적극적으로 참여하고 사적인 가사 노동을 공적인 산업으로 전환함으로써 이루어진다고 본다. 이러한 사회 변혁과 여성 해방을 통해서만 비로소 진정한 성적 사랑과 애정에 기초한 결혼의 완전한 자유가 가능해진다. 그리고 가부장적 일부일처제의 특징인 매춘이 사라질 뿐만 아니라 애정 없는 결혼 생활의 중단, 즉 이혼의 자유가 가능해진다. 이러한 변화의 일부는 이미 우리 사회에서 일어나고 있다.

엥겔스의 이러한 사고가 마르크스주의자들의 가족과 여성 문제를 바라보는, 그리고 여성 해방을 실천하기 위한 기본 노선이 되었음은 두말할 나위 없다. 예를 들어 독일 사민당의 창당 주역이며 독일 사회주의 운동에 지대한 영향을 미친 베벨August Bebel은 엥겔스의《가족, 사적 소유, 국가의 기원》에 앞서 이미 1879년에 마르크스주의적인 시각에서 여성 문제와 여성 해방을 다룬《여성과 사회주의*Die Frau und der Sozialismus*》를 발표했다. 아마도 베벨의 이 책이 엥겔스로 하여금《가족, 사적 소유, 국가의 기원》을 서둘러 쓰도록 동기를 제공했을 가능성도 있다. 베벨은 책을 출판한 뒤 30년이 넘도록 끊임없이 수정·보완했다. 특히 1891년에 발간한 제

9판에서는 엥겔스의《가족, 사적 소유, 국가의 기원》에 기초해서 원시 사회에 관한 장을 완전히 바꾸는 등 대대적인 수정과 보완을 가했다.[78] 그는 원시 사회가 독자적인 사회 구성체였다는 엥겔스의 주장과 가족의 역사적 등장에 대한 설명을 모두 받아들였다.

또한 평생을 프롤레타리아트 여성의 권익을 위해 몸 바친 독일 사회주의 여성 운동의 대변자인 체트킨Clara Zetkin은 1895년 엥겔스의 죽음을 추모하는 글[79]에서 프롤레타리아트 여성들은 엥겔스에게 무한한 감사를 표해야만 한다고 이야기한다. 왜냐하면 엥겔스가 자본주의 생산 체제의 피착취자면서 동시에 여성으로서 이중의 억압적 굴레에 속박된 프롤레타리아트 여성에게 해방을 실천할 수 있는 학문적 기반을 제공해주었기 때문이다.

레닌V. I. Lenin의 경우, 볼셰비키 혁명 이후 '세계 여성의 날'에 즈음한 연설에서 여성 운동의 주요 과제는 여성을 사회적 생산 노동에 참여하도록 유도하고 '가내 노예'에서 해방하는 데 있다고 말했다. 또한 여성을 집안일과 육아 같은 되풀이되는 일과 고립적인 상태에서 벗어나게 하는 일에 대해서도 역설한다.[80] 이는 여성 해방에 대한 엥겔스의 주장과 동일하며, 실제로 소련은 이러한 원칙하에 여성 정책을 수립하고 추진했다.

사실상 대부분의 마르크스주의자들은 엥겔스의 사유에

의거해 여성 문제를 인식했고, 모든 공산주의 국가가 그에 바탕해서 여성 정책을 수립했다. 이런 점에 비추어 볼 때, 엥겔스의 《가족, 사적 소유, 국가의 기원》이 마르크스주의 여성 이론이나 여성 문제와 관련한 마르크스주의적 실천에 미친 영향과 중요성은 실로 지대하다.

2. 실천적 지식인 프리드리히 엥겔스의 삶[81]

엥겔스는 1820년 11월 28일에 프로이센의 바르멘(오늘날 부퍼탈에 속함)에서 부유한 방적 공장주의 장남으로 태어났다. 1829년부터 바르멘에 있는 시립학교에 다녔으며, 1834년 가을에 엘버펠트의 김나지움에 입학했다. 그는 특히 어학에 뛰어난 재능을 보였다. 평생 어학 공부에 관심을 기울인 덕분에, 후에는 12개국 언어를 자유롭게 구사하고 6개국 언어를 해독하게 되었다. 그러나 1837년 가을에 아버지의 분부에 따라 김나지움을 그만두고 아버지의 회계 사무실에서 견습 직원으로 일했다.

엥겔스가 유능한 사업가가 되기를 원했던 아버지는 1838년에 엥겔스를 브레멘의 친구에게 보내 경영 수업을 받도록 했다. 엥겔스는 1841년 4월까지 브레멘에 머무르면서 일부는 익명으로, 일부는 프리드리히 오스발트라는 필명으로 진보적인 신문들에 기고했다. 1841년 9월 말부터 일 년간 베를린에서 군복무를 했다. 베를린에 머무는 동안 그는 베를린 대학에서 다양한 강의를 청강했으며, 소장 헤겔학파와 가깝게 지냈다.

1842년 10월 초에 베를린을 떠나 고향 바르멘으로 돌아가던 엥겔스는 쾰른에 들러 《라인 신문*Die Rheinische Zeitung*》에서 일하던 마르크스를 만나려고 했지만 뜻을 이루지 못했다. 그러나 8주 후에 바르멘에서 맨체스터로 가는 도중 쾰른에 들러 마르크스를 처음 만났다. 맨체스터에 도착한 엥겔스는 아버지가 공동 소유자로 있는 '에어멘과 엥겔스' 방적 공장에서 조수로 일했다. 당시 영국은 거대한 공장 도시를 중심으로 자본주의적 산업이 크게 발달했다. 특히 맨체스터는 면화 산업의 중심지이자 영국 노동 운동의 중심지였다. 여기에서 엥겔스는 노동자 계급의 현실을 알게 되었고, 이것은 그가 자본주의의 모순과 극복 방법을 연구하는 계기가 되었다.

1843년 말에 엥겔스는 자신의 연구 성과를 바탕으로 〈국민경제학 비판 개요Umrisse zu einer Kritik der Nationalökonomie〉와 〈영국의 상태Die Lage Englands〉라는 두 편의 논문을 써서 마르크스와 루게Arnold Ruge가 공동으로 파리에서 발행하던 《독불 연보*Deutsch-Französische Jahrbücher*》에 게재했다. 이를 계기로 마르크스와 엥겔스 사이에 편지 교환이 활발히 이루어졌고, 1844년 8월 말에 엥겔스는 독일로 귀향하는 도중에

파리에 있는 마르크스를 열흘간 방문했다. 이들은 서로의 생각과 사상이 같다는 것을 알고 계속 긴밀하게 함께 작업하기로 약속했으며, 이후 평생 동안 변함없는 동지가 되었다.

1845년 7월에 엥겔스는 프랑스에서 추방되어 벨기에로 이주한 마르크스를 영국으로 초청해서 차티스트 운동 지도자들과의 만남을 주선했다. 브뤼셀로 돌아온 마르크스와 엥겔스는 약 6개월 후인 1846년《독일 이데올로기》원고를 완성했다. 그들은 이 작업을 진행하면서 '공산주의자 통신위원회'를 설립해 영국의 차티스트 지도자, 프랑스와 벨기에의 사회주의자, 독일의 진보적 지식인 들과 편지를 주고받으며 유대감을 형성했다. 1847년 가을 마르크스와 엥겔스는 영국으로 망명한 독일 사회주의자 모임인 의인동맹에 가입했다. 의인동맹은 마르크스와 엥겔스의 사상에 공감했고, 이름을 '공산주의자 연맹'으로 바꾸면서 마르크스와 엥겔스에게 강령 작성을 요청했다. 이때 작성한 강령이《공산당선언》이다.

1848년 프랑스에서 일어난 혁명을 신호탄으로 오스트리아, 뵈멘, 헝가리, 폴란드, 남부 독일, 프로이센 등지에서 연속적으로 혁명이 일어났다. 혁명의 와중에 엥겔스는 마르크스가 새로 설립한《신라인 신문*Neue Rheinische Zeitung*》을 위해 글을 썼다. 또한 1849년 6월 독일의 바덴과 팔츠에서 벌어진 혁명적 전투에 참여했다. 그러나 혁명이 실패하자 그는 맨체스터로 돌아가 전투와 군대에서의 실천적 경험을 바탕으로 군사와 전쟁에 대한 다수의 논문을 썼다. 친구들은 그에게 '장군'이라는 별명을 붙여주었다.

맨체스터에서는 다시 에어멘과 엥겔스 회사에서 일을 했으나, 1870년에는 아버지에게서 물려받은 회사 주식을 에어멘Peter Ermen에게 모두 팔아버렸다. 1851년에서 1862년 사이에 그는 《뉴욕 트리뷴*New York Tribune*》지에 카를 마르크스라는 이름으로 규칙적으로 기고했다. 1870년 10월 런던으로 이주한 뒤 1873년에서 1882년까지 《자연의 변증법*Dialektik der Natur*》을 위한 작업을 했고, 1878년에는 《반뒤링론*Anti-Dühring*》을 탈고했다. 1883년 평생의 동지이자 친구인 마르크스가 사망했다. 1884년 3월, 엥겔스는 마르크스의 비판적 주석을 참조하면서 모건의 연구 결과를 사적 유물론의 관점에서 분석하고 일반화하기로 결정했다. 이 결과가 《가족, 사적 소유, 국가의 기원》이다.

1895년 8월 5일, 엥겔스는 후두암으로 런던에서 사망했다. 엥겔스의 뜻에 따라 장례식은 매우 간소하게 치러졌고, 그의 재를 담은 항아리는 바다에 수장되었다.

엥겔스의 생애 가운데 아마도 이 책과 관련해서 우리의 관심을 끄는 것은 특히 엥겔스의 결혼이나 아내, 가족 생활과 관련한 부분일 것이다. 그런데 실제로 마르크스의 아내와 가족에 대해서는 널리 알려진 반면, 엥겔스의 사생활에 대해서는 거의 알려진 바가 없다.

엥겔스는 1842년 맨체스터에 도착한 지 얼마 되지 않아 그곳에서 방적공으로 일하던 아일랜드 출신의 메리 번즈 Mary Burns를 알게 되었다. 메리는 엥겔스보다 몇 살 어렸는데, 엥겔스는 친구에게 보낸 편지에서 그녀의 밝고 정열적인 성품과 에너지, "대담하게 반짝이는 검은 눈"과 "야생장미 같은 아름다움"에 대해 이야기한다. 특히 그녀는 노동자 문제나 아일랜드 해방 문제 등에 대해 강한 계급 의식을 가지고 있었고, 이는 엥겔스의 마음에 애정을 넘어서 존경심까지 불러일으켰다.[82] 엥겔스는 메리를 통해 여러 노동자 가족을 알게 되었으며, 함께 맨체스터 노동자들의 정치 집회에 참석해서 노동자 현실과 미래에 대한 토론을 들었고, 노동자 대열에 끼어 파업을 직접 체험했다. 이런 경험과 메리에 대한 사랑은 엥겔스가 프롤레타리아트에 대한 학문적 연구에 몸을 바치기로 결심하는 데 중요한 역할을 했으며, 후일 엥겔스가 《1844년 영국 노동 계급의 상황》을 저술하는 데도 많은 도움을 주었다.

오늘날에도 신분과 재산 차이가 많이 나는 결혼은 성사되기 어렵지만, 당시에 부유한 공장주의 아들과 가난한 여성 노동자의 정식 결혼—전자가 후자를 정부로 두는 일은 비일비재했지만—은 거의 불가능한 일이었다. 독일에 있는 그의 부모가 메리와의 결혼을 용납할 것 같지 않았기 때문에 엥겔스와 메리는 사실혼 관계에 머물렀다. 그러나 반드시 가족의 반대 때문에 엥겔스가 메리와 정식으로 결혼하지 않았던 것 같지는 않다. 그보다 엥겔스는 부르주아 체제에서 혼인 관계는 또 다른 착취를 만든다고 확신했으며, 두 사람이 애정과 이해로 결합되어 있는 한 교회나 국가의 승인은 무의미하다고 생각했을 것이다.[83] 이런 생각은《가족, 사적 소유, 국가의 기원》에서 그가 부르주아적 일부일처제를 격렬히 비판하고 프롤레타리아 가족을 설명하는 부분에도 잘 나타나 있다. 또한 마르크스도 엥겔스의 이런 견해에 반대하지 않았을 것이기에, 엥겔스와 메리의 동거 관계를 인정했으리라 추측된다.

엥겔스는 낮에는 맨체스터의 명망 있는 회사의 경영자이자 존경받는 기업가 가문의 자손으로서 맨체스터의 기업가 단체와 어울렸고, 밤에는 시 외곽에 있는 작은 집에서 메리와 그녀의 여동생 리디아Lydia Burns와 함께 지내면서 친구들과 정치나 학문적 문제에 대해 논쟁을 벌이거나 노동 운동에 대한 근황을 들었다. 또한 이 집을 마르크스와 엥겔스 사이에 오고 간 정치적 비밀 문서들과 중요한 신문 기사들을 보관하는 장소로 사용했다.[84] 그는 친한 친구들에게 보낸 편지에서 종종 이런 '이중 생활'을 희화적으로 표현하곤 했다. 메리는 그에게 인생의 동반자이자 모든 것이었고, 그는 그녀 곁에서 안식과 평안을 찾았다. 메리에 대한 사랑으로 그는 그녀의 가족과 여동생 리디아도 보살폈다. 그러나 1863년 1월 7일에 메리는 젊은 나이에 심장병으로 갑작스러운 죽음을 맞이했다. 엥겔스는 메리의 죽음을 마르크스에게 알리는 편지에서 "지금의 내 마음을 도저히 말로 표현할 수 없다. 그 불쌍한 여자는 온 심장으로 나를 사랑했다"고 썼다.[85]

첫사랑인 메리의 갑작스러운 죽음과 함께 엥겔스는 자신의 젊은 시절이 사라졌음을 느꼈다. 리디아도 혈육으로서뿐만 아니라 같은 정치적 이념과 사상을 가진 동료였던 언니의 죽음으로 깊은 슬픔에 빠졌다. 리디아는 엥겔스보다 일곱 살 정도 어렸는데, 슬픔을 서로 위로하고 의지하던 엥겔스와 리디아 사이에 사랑이 싹텄다. 리디아는 엥겔스의 두 번째 비공식 아내가 되었다. 리디아는 어릴 때부터 공장에서 일했고 정식 교육은 전혀 받지 못했기 때문에 문맹이었다. 그럼에도 그녀의 명철한 의식과 비판적인 안목, 지성과 유머는 종종 엥겔스를 놀라게 했다. 엥겔스는 리디아에 대해서 "나의 아내는 진짜 아일랜드 프롤레타리아 핏줄이다. 자신의 계급에 대한 열정적인 감성은 타고난 것인데 나에게는 교양과 감성을 갖춘 부르주아의 딸들이 가질 만한 아름다운 정신과 영리함보다도 훨씬 더 가치 있을 뿐만 아니라 결정적인 순간들마다 나에게 훨씬 더 강력한 영향을 미친다"고 썼다.[86] 리디아는 1876년부터 전신근육 류머티즘을 앓기 시작했는데, 1878년 중반에는 더 이상 손을 쓰기 어려울 정도로 악화되었다. 리디아는 죽음을 앞두고 엥겔스에게 공식적인 부인으로 인정받도록 결혼식을 올려줄 것을 부탁했다. 그녀는 결혼식을 올리지 않고 혼인 생활을 한 사람은 영원히 지옥에 빠진다고 믿었다. 엥겔스는 부르주아적 결혼 제도를 철저히 경멸하고 부정했음에도 그녀의 마지막 소원을 들어주기 위해 목사를 불러 그녀의 머리맡에서 결혼식을 치렀고, 리디아는 몇 시간 뒤 그의 팔에 안겨 숨을 거두었다.

1883년 마르크스가 사망한 후, 마르크스 가족의 충실한 가정부였던 헬레나Helena Demuth가 엥겔스의 집으로 옮겨 와서 7년간 엥겔스의 가사를 돌보았다. 1890년 그녀가 죽은 후에는 카우츠키Karl Kautsky와 이혼하고 자유의 몸이 된 루이제Luise Strasser-Kautsky가 엥겔스를 위해 가사를 돌보고 비서 업무를 맡아보았다. 두 사람은 같은 집에 살았지만, 혼인을 하거나 애정 관계에 있었던 것은 아니었다. 루이제는 1894년에 오스트리아 출신의 의사이자 사회주의자인 프라이베르거Ludwig Freyberger와 재혼했지만 1895년에 엥겔스가 죽을 때까지 그의 곁을 떠나지 않았다. 지금까지 간략히 살펴본 바와 같이 엥겔스의 사생활은 그가 부르주아적 결혼 제도를 얼마나 경멸했는지 보여주면서, 동시에 사회의 인습적인 강요에도 굴하지 않고 신념을 꿋꿋이 지키는 실천적인 면모를 보여준다.

3. 왜 페미니스트들은 《가족, 사적 소유, 국가의 기원》을 비판하는가

《가족, 사적 소유, 국가의 기원》은 이미 언급한 바와 같이 초기(19세기 후반~20세기 초반)의 사회주의 여성 운동에 지대한 영향을 미쳤을 뿐 아니라, 1968년 이후의 제2기 페미니즘 운동에도 많은 영향을 미쳤다. 사회주의 페미니즘을 주창한 페미니스트들은 엥겔스와 마르크스의 여성의 종속 및 해방 이론을 창조적으로 계승·발전시켰다. 한편 급진주의 페미니즘은 엥겔스의 전통적 마르크스주의 페미니즘 이론에 반대하면서 역설적으로 자신들의 이론을 정교화하고 독창적인 이론을 제시했다. 먼저 《가족, 사적 소유, 국가의 기원》에 대한 페미니스트들의 전반적인 비판을 살펴본 후, 마르크스주의 여성 이론의 현대적 발전을 살펴보도록 하자.

첫 번째 비판은 인류학적 발견으로 인해 엥겔스와 모건이 제시하는 선사 시대에 대한 설명 가운데 많은 부분이 타당성을 잃었다는 점이다. 엥겔스는 선사 시대의 혈족 집단이 일률적으로 모계 사회를 이루었다고 보지만, 인류학적 발견에 의하면 부계 사회를 이루는 혈족 집단도 존재했다. 그리고 엥겔스의 암시와는 달리 모계 사회에서 여성의 지위가 반드시 높은 것은 아니라는 점이 현존하는 원시 종족에 대한 연구를 통해 드러났다. 예를 들어 아프리카의 음부티족의 경우 여성이 상대적으로 높은 지위를 가지는 반면, 오스트레일리아 원주민의 경우에는 여성이 상대적으로 낮은 지위에 있다.[87] 또한 엥겔스가 생각했던 것처럼 여성의 성적 자유와 사회적 영향력 또는 권력이 비례 관계에 있는 것은 아니다. 마다가스카르 서부의 일부 종족의 경우 여성이 성적으로 매우 자유롭지만, 정치적 · 경제적 영역에서는 중요한 역할을 하지 못했다.[88] 씨족과 같은 혈족 집단이 토지를 공동 소유하는 경우, 모든 토지가 씨족 집단 전체에게 공동으로 속해 있고 외부인에게는 토지를 경작할 권리가 없다는 엥겔스의 주장은 옳다. 그러나 이것이 씨족 내의 모든 개인이 토지에 대해 평등한 권리를 가진다는 점을 의미하는 것은 아니다. 씨족의 특정 개인이나 가족이 공동 토지에 대해서 우선적인 특권을 가지는 등 씨족 내부에도 차별이 있음[89]이 인류학자에 의해 밝혀졌다.

두 번째 비판은 《가족, 사적 소유, 국가의 기원》에 나타난 방법론과 관련한 것이다. 엥겔스는 이 책에서 역사 발전을 변증법이 아니라 단선적인 진화론적으로 파악하고 있다. 역사 발전에 대한 변증법적 인식은 역사 진보가 사회적 모순과 상이한 계급 간의 투쟁을 통해 일어난다고 보는 반면, 단선적인 진화론은 역사 발전이 역사의 흐름 속에서 경험의 부단한 축적과 새로운 진실의 발견을 통해서 일어난다고 주장한다. 예를 들어 엥겔스는 야만에서 미개, 미개에서 문명으로의 이행을 이른바 생산력과 생산 관계의 갈등이나 모순 그리고 이 속에서의 적대적인 계급 간의 대립을 통한 변증법적 발전이 아니라 생활 수단의 진보에 따른 부드러운 진화 과정으로 파악한다.[90] 또한 엥겔스는 인간의 재생산에서 진보는 성교를 맺을 수 있는 대상의 범위가 축소되는, 다른 말로 하면 친족들이 혼인 관계에서 더욱더 배제되는 방향으로 이루어진다고 본다. 특히 혈연 가족에서 푸날루아 가족으로의 이행을 이 영역에서의 획기적인 진보로 파악하는데, 이러한 발전은 유전학적으로 열성을 산출할 가능성이 높은 근친상간을 크게 줄이는 조치라고 보기 때문이다. 요컨대 엥겔스는 가족과 혼인 제도의 발전을 유전적으로 자연에 더 잘 적응하고 더 잘 생존할 만한 자연적 선택에 의해 이루어지는 것으로, 곧 다윈적 진화론으로 설명한다. 이 저작에서 거의 유일하게 갈등과 투쟁으로 묘사되는 것은 '여성의 세계사적 패배'라고 설명되는 모권의 전복이다. 그러나 이러한 모권제에서 부권제로의 이행은 사회의 유물론적 역사 인식에 의한 객관적인 모순에 의해서가 아니라 부를 소유한 남자들이 자신의 사적 재산을 자신의 자녀에게 상속하고 싶어 하는 욕구, 즉 심리적인 동기에 의해 유발된다.

셋째, 엥겔스가 원시 시대 여성의 노동을 너무 제한적으로 파악한다는 점이다. 엥겔스는 원시 시대에 여성이 집 안에서 아이들을 돌보고 남편이 조달해온 식량을 요리하는 수준 정도의 노동을 담당했음을 암시하는데,[91] 당시 여성의 노동 영역은 엥겔스가 생각하는 것보다 훨씬 광범위했다. 즉 이 시대에 여성들은 집 근처에서 식량을 채취하거나 작은 짐승을 사냥하는 등 식량 조달에도 기여했고, 야채를 재배하는 농업을 발견한 쪽도 남성이 아니라 여성이라는 것이다.[92] 또한 당시에는 생존을 위해 투쟁하다시피 매일매일 식량을 얻어야 했기 때문에 여성 역시 남성과 마찬가지로 격렬하고 고된 노동을 했으며 생계 확보에 기여했다고 주장한다.

넷째 비판은 엥겔스가 가족 내의 성별 분업, 즉 남성은 생계를 마련하고 여성은 가사에 종사한다는 점을 매우 자연스럽고 원초적인 분업으로 보는 것을 겨냥한다. 엥겔스는 여성의 출산·양육과 관련된 성별 분업 자체는 아무런 문제가 없다고 보며, 단지 이러한 노동이 사회적으로 의미를 가지지 못하는 사적 노동이라는 데 문제가 있고, 따라서 가사 노동의 사회화가 문제를 해결하는 관건이라고 생각했다. 그러나 페미니스트들에 따르면 엥겔스의 이러한 생각은 가사 노동의 사회화가 성별 분업의 사회화로 전락할 가능성을 간과하고 있다는 것이다. 가정 내의 성별 분업을 자연스러운 것으로 보는 견해는 마르크스에게서도 발견된다. 마르크스는 가족 내의 성별 분업을 최초의 노동 분업으로 보면서도 진정한 노동 분업은 육체 노동과 정신 노동의 분리와 함께 나타난다고 주장함으로써 가족 내에서 이루어지는 성별 분업을 사회적 의미가 없는 자연발생적인 관계로 간단히 처리해버리고 있다.[93] 이로 인해 마르크스주의는 인간 자체의 재생산과 여성의 가사 노동에 대해 관심이 없으며 또한 어떤 이론도 발전시키지 못했다는 비난을 받았다. 그러나 이러한 비난은 마르크스 경제학에만 한정되는 것이 아니라 모든 경제학 이론에 해당한다. 자본주의 사회에서는 아무리 유용한 노동일지라도 그 노동의 산물이 교환 가치가 없으면, 즉 상품이 아니라면 가치가 없는 것으로 본다. 이에 따르면 가정에서 행해지는 아이 양육이나 가사 노동은 개별적으로는 유용하지만, 교환 가치가 없는 노동이기 때문에 자본주의가 인정하는 공적인 사회적 가치를 가지지 못한다. 예컨대 주부가 하는 집안일은 사적 노동으로 경제적 의미가 없지만, 파출부가 임금을 받고 하는 집안일은 사회적 의미를 갖는 공적 노동으로 경제학적 의미를 지닌다. 따라서 가족 내의 성별 분업을 원초적인 것으로 보는가의 여부보다는 엥겔스가 주장하듯이 자본주의 사회에서 여성 노동에 대한 가치절하가 보다 본질적이고 중요한 문제다.

다섯째, 페미니스트들은 엥겔스가 이성애를 당연시하고, 남성에게 여성의 성이 '수여'되는 것으로 보며, 여성에 대한 남성의 성욕이 필연적이고 자연스럽다는 의심스러운 가정을 전제한다고 비판한다.[94] 따라서《가족, 사적 소유, 국가의 기원》을 자세히 해부해보면 성관계에 대해 매우 가부장적인 견해가 드러난다는 것이다. 예를 들어 엥겔스는 대우혼 가족의 형성이 여성에 의해 이루어졌다고 주장한다. "경제적 생활 조건이 발전하고 원시 공산주의가 몰락하고 인구 밀도가 증가함에 따라 예부터 내려온 성관계가 태곳적 소박한 성격이 사라질수록……여자들은 정조권, 즉 일정 시기 동안 혹은 지속적으로 한 남자와만 성관계를 맺을 권리를 구원책으로 여기고 이를 더욱더 간절히 원하게 되었음이 분명하다"고 한다. "이러한 진보는 당연히 남자들에게서 비롯될 수 없다. 왜냐하면 오늘날까지도 남자들은 사실상 군혼이 주는 매력을 포기하려 하지 않기 때문"[95]이라는 것이다. 그러나 왜 남자들은 군혼의 매력을 포기하지 않는 반면, 여자들은 기꺼이 그 매력을 포기하고 굳이 정조권을 얻으면서 성적 자유와 자율권을 자발적으로 포기하려고 했는가? 이것은 엥겔스가 남녀가 불평등한 성욕을 가진다고 여겨 남성은 왕성한 성욕을 가지는 반면, 여성은 성에 대해 수동적이라는 그릇된 성이데올로기에 사로잡혀 있었기 때문이라고 페미니스트들은 주장한다.

이러한 비판에도 불구하고《가족, 사적 소유, 국가의 기원》에 나타난 엥겔스의 통찰과 이론은 마르크스주의의 이론적 개념과 결합되어 경험주의적이고 관념론적인 시각의 한계를 극복하는 인식의 길을 열어주고 있다. 오늘날에도 대부분의 마르크스주의자들과 이를 신봉하는 마르크스주의 페미니스트들은 엥겔스의 이론을 여전히 고수한다. 반면 마르크스·엥겔스주의에서 여성 억압이 부차적으로 다루어진다고 보고 마르크스·엥겔스주의의 유물론적 역사관, 노동과 소외 개념, 사회적 지배 관계에 대한 분석, 자본주의에 대한 비판 등의 이념적 틀을 포괄적으로 받아들이면서 급진적 페미니즘을 포용하는 사회주의 페미니스트들이 있다. 대표적으로 미첼Juliet Mitchell, 영Iris Young, 재거A. M. Jaggar 등을 들 수 있다. 엥겔스가 사적 소유의 철폐, 사회주의 도래와 함께 여성 해방도 성취된다고 보았던 것과 달리, 사회주의 페미니즘은 사회주의로의 전환이 여성 해방에 도움은 주겠지만, 여성 해방 자체를 이루지는 못한다는 견해를 표명한다. 여성 해방은 자본주의뿐만 아니라 가부장제와 성별 분업의 철폐, 나아가 성별 철폐를 지향하는 각각의 혁명을 통해서 수행되어야 한다는 것이다.[96]

예를 들어 재거는《여성 해방론과 인간 본성*Feminist Politics and Human Nature*》에서 사회주의 여성 해방론은 1970년대에 등장한 이론으로, 급진적 여성 해방론과 마르크스주의 전통의 가장 좋은 면을 종합하고 동시에 각 이론의 문제점들을 타파할 만한 정치 이론과 실천을 개발하려는 것이라고[97] 주장한다. 즉 사회주의 페미니즘의 목적은 전통적인 마르크스주의의 사적 유물론을 기반으로 급진적 페미니스트들에 의해 제기된 문제점을 해소할 만한 이론적 틀을 만들어내는 것이다. 재거는 특히 마르크스의 소외 개념이 현대의 여성 억압을 비판하는 이론적 체계를 제공한다고[98] 주장한다. 그래서 그녀는 여성이 성적 존재로서, 어머니로서, 아내로서 소외당하고 있으며, 여성성 그 자체가 소외라고 주장한다. 성적 존재로서의 소외는 여성 스스로의 인식이나 행동과는 무관하게 성적 대상으로 간주(성폭행, 성희롱)되는 사례나, 여성을 남성의 성적 대상물로 규정함으로써 남성의 주목을 받기 위해 여성들끼리 경쟁하도록 만드는 현상으로 드러난다. 따라서 이러한 여성에 대한 소외와 자본주의적 여성 억압을 종식하기 위해서는 모든 생산 형태를 새롭게 변화시키고 수동성, 직관, 감정, 나약함, 복종 등으로 규정되는 '여성성'을 철폐할 필요가 있다.

헤겔G. W. F. Hegel이 《법철학 개요*Grundlinien der Philosophie des Rechts*》 서문에서 말했듯이, 미네르바의 부엉이는 황혼이 깃들면 날기 시작한다.[99] 한 시대의 사상가는 자신의 시대를 바라보고 이에 대한 진단과 처방을 내리면서 미래에 대한 대안을 제시한다. 그러나 그는 미래에 발생할 모든 문제들을 정확히 알지 못하므로 그가 내린 처방과 대안이 이후에 나타나는 문제들에 대해 완벽한 해결책일 수 없다. 그가 오늘날 우리의 문제들을 모두 고려하고 다루지 못한 것과 제시한 해결책이 완벽하지 않은 것은 그의 잘못이 아니다. 또한 이에 대해 그를 비난하는 것은 부당하다. 오히려 우리는 이제 엥겔스가 제시한 여성 억압의 제거와 여성 해방을 위한 여러 가지 개념, 예를 들면 모권, 사회적 생산력의 발전과 가족 및 여성의 관계, 사적 소유, 가사 노동의 사회화, 여성의 공적 산업에의 참여 등을 새롭게 다듬어 우리 시대의 여성 문제를 진단하고 처방하면서 '가족, 사적 소유, 국가의 기원 그 이후' 라는 새로운 여성 해방론을 써야 할 것이다.

4. 현실사회주의 국가들의 여성 해방론 적용과 실패

마르크스와 엥겔스는《포이어바흐에 관한 테제*Thesen über Feuerbach*》의 유명한 제11테제에서 "철학자들은 세계를 여러 가지로 해석해왔을 뿐이다. 그러나 문제는 그것을 변화시키는 것이다"[100]라고 주장했다. 지금은 몰락한 현실사회주의 국가의 여성 정책을 간략하게나마 살펴봄으로써 엥겔스 이론이 이 국가들에서 여성의 지위와 상황을 어떻게 변화시켰는지 알아보자.

1917년 볼셰비키 혁명의 승리와 함께 마르크스-레닌주의를 이념으로 하는 소비에트 공화국이 건설되었고, 볼셰비키 정권은 자신의 통치를 공고화하는 수단으로 기존의 전통적인 젠더Gender 질서를 변형하고자 했다.[101] 가족 관계에 대한 새로운 정책과 법을 마련해 기존의 가부장제 질서를 파괴했고, 법률상의 평등뿐 아니라 일상생활의 평등도 강조하면서 가부장적 문화를 타파하고자 했다. 그 결과, 1919년에 레닌은 소비에트 공화국의 여성 노동 운동의 과제를 언급하면서, 소련에는 완전한 남녀평등이 존재하고 여성의 종속이 사라졌다고 주장했다.[102] 또한 소련 헌법은 "여성은 경제·국가·문화·사회·정치 생활의 모든 영역에서 남성과 동등한 권리를 가진다. 이 권리들을 현실적으로 행사하는 가능성은 여성에게 일과 임금·휴가·사회 보장·교육에서 남성과 동등한 권리를 부여함으로써, 모성과 아동의 이익을 국가적으로 보호함으로써, 대가족의 어머니, 미혼모, 출산 전후의 임산부에게 완전 임금을 지불하고 조산원·탁아소·유치원 등의 광범위한 시설을 제공함으로써 보장된다"[103]고 규정했다. 이를 위해 볼셰비키 정권은 여성에게 불평등했던 법률적 조항을 폐지하는 한편, 여성을 가사 노동에서 해방하기 위해 식당과 탁아소를 설립하고 여성들을 위한 일자리를 마련했다. 물론 여러 정책적 변화를 겪으면서 엥겔스가 여성 해방의 필수 조건으로 보았던 사적 소유도 폐지되었다.

소련 공산당은 여성 문제 해결의 단초를 여성의 사회적 노동에서 찾았다. 따라서 여성의 사회적 진출과 고용이 계속 장려되었고, 이는 바로 엥겔스의 이론에 부합했다. 그 결과 여성은 1930년대 급속히 팽창하는 산업의 부족한 노동력을 채우는 중요한 부분이 되었다. 1980년대 중반에는 취업 가능한 연령의 여성 중 92%가 직업을 가지고 있었으며, 1991년 소련이 몰락할 당시 여성 노동력은 전체 노동력의 51%를 차지했다.[104]

구동독의 여성 정책도 소련의 경우와 유사하다. 동독 정권은 마르크스-레닌주의에 의거해 여성 정책의 기본 방향을 남녀의 법적 평등과 여성 취업의 장려에 두어 여성을 사회적인 생산 노동에 편입시키는 것을 목적으로 삼았다. 남녀평등을 헌법에 명시하고, 모자 보호와 여성의 권리에 대한 법, 동일 노동 동일 임금, 모성 보호를 위한 노동 조건, 여성 노동력의 고용 장려책, 취업 여성에게 가사와 양육의 부담을 덜어주기 위한 급식, 사업체의 식당, 유치원과 유아 탁아소 등의 사회복지 시설의 건립 등 정책적 조치를 법제화했다.[105] 탁아 시설의 경우, 동독이 몰락하던 1989년 당시 영아와 유아를 위한 보육원이 수요의 81%, 유치원은 95%, 저학년 아동을 위한 놀이방은 수요의 81%를 충족시켰다. 이와 대조적으로 서독은 약 62.5%의 수요만을 충족시켰을 뿐이다.[106] 이러한 정책을 추진한 결과 비교적 짧은 기간 내에 많은 여성이 노동 시장에 진출하게 되었다. 1989년 동독이 몰락하기 직전의 상황을 보면, 15세부터 65세까지의 여성 경제 활동 인구의 취업률은 78.1%였으며, 교육이나 직업 훈련을 받고 있는 여성까지 포함한다면 91.3%의 높은 여성 취업률을 보였다.

이처럼 마르크스·엥겔스의 이념을 표방한 소련과 동독에

서는 자본주의 국가들에서보다 전통적인 가부장제와의 단절이 과감하게 이루어졌고, 여성의 사회경제적 참여가 높았으며 또한 이를 위한 가사 노동의 사회화와 다양한 사회복지 정책이 적극적으로 추진되었다. 그럼에도 이 국가들 역시 가족 내에 전통적인 성별 역할 분담이 존속했고, 가사와 육아는 여전히 여성들이 맡았다. 그래서 직장에 다니는 여성들은 사회적 생산 노동뿐 아니라 가사 노동까지 떠맡아야 하는 이중 부담을 가지게 되었다. 여성은 가사와 육아 문제로 인해 좋은 직장을 포기하는 경우도 종종 있었다.

고용 구조와 임금에서도 여전히 산업 부문별로 성별 편중과 임금의 불평등이 존재했다. 여성들은 이른바 '여성적' 직업인 서비스 부문, 섬유나 경공업, 식품 공업 같은 산업에 주로 종사했으며, 대개 임금이 낮은 영역에 집중적으로 고용되었다. 소비에트 정권 초기에는 여성들이 전통적으로 남성적 일로 여겨지는 분야에 진출하기도 했지만, 성별 고정관념과 편견은 소련이 몰락할 때까지 지속되었다.[107] 동독의 경우 동일 노동 동일 임금 규정이 법적으로 명시되어 있음에도 여성의 소득 수준은 남성의 임금보다 25~30% 낮았다.[108] 또한 기업이든 공직 사회든 조직의 고위직이나 지도적 위치로 올라갈수록 여성의 비율은 적었다. 한마디로 이 국가들에서 진정한 남녀평등은 이루어지지 못했다.

왜 그러한가. 엥겔스의 이론에 문제가 있는 것인가 아니면 이론의 실천적 적용에 문제가 있는 것인가. 페미니스트들은 이 국가들의 사례가 엥겔스가 생각했던 것과 달리 사회주의 혁명의 승리가 반드시 여성 해방을 의미하지 않으며, 여성 해방과 실질적인 남녀평등을 이루기 위해서는 사적 소유의 폐지와 여성의 공적 산업의 투입 이외에 가부장제 구조에 대한 또 다른 형태의 완전한 타파가 필요함을 보여준다고 주장한다. 반면 마르크스주의자들은 현실 사회주의 국가들이 마르크스·엥겔스의 이론을 완전하게 실천하지 못했기 때문에 여성 해방이 왜곡되거나 부분적으로만 이루어졌다고 주장한다. 즉 엥겔스가 생각한 진정한 사회화가 아니라 국가의 주도와 통제를 의미하는 국가화가 이루어졌기 때문에, 여성이 해방되지 못하고 남성을 대신한 국가에 종속되었다는 것이다. 어쨌든 이 국가들이 몰락한 이후 국가화가 아닌 진정한 사회화가 무엇인가에 대해서는 마르크스주의자들 사이에 논쟁이 계속 벌어지고 있으나, 명확한 답변은 아직 제시하지 못하는 실정이다.

단지 우리는 우리 사회의 현 상황에서 엥겔스에 의존하여 다음과 같은 의문을 제기하면서 진정한 여성 해방을 모색해 볼 수 있을 것이다. 가족 규모의 축소와 가사 노동의 사회적 산업으로의 전환 확대 등으로 여성의 육체적인 가사 노동은 줄었지만 정서적·정신적 차원의 가사 노동은 오히려 늘어나 부담이 더 커진 것은 아닌지 생각해볼 필요가 있다. 여성의 경제 활동 참가와 사회적 진출의 확대가 여성을 가사 전담자이면서 공동 생계 부양자로 만드는 이중의 굴레가 아닌지에 대해서도 명확히 파악해야 한다. 우리 사회가 여전히 사적 소유를 보장한다는 점에서 사적 소유의 폐지가 여성 해방과 불가분의 관계에 있는지도 엥겔스와 함께 걸어가면서 고민해볼 수 있다.

5. 성적 지배와 성차별 없는 사회를 바라며

여성 문제를 다룰 때, 우리는 '섹스'와 '젠더'를 구분한다. 섹스가 생물학적인 특징에 근거해서 여성 또는 남성을 결정하는 신체적·유전적인 의미를 담고 있다면, 젠더는 사회 문화적인 과정에서 후천적으로 습득·형성된 성적 정체성을 의미한다.[109] 여성과 남성이 생물학적으로 '차이'가 있다는 것은 누구도 부인할 수 없다. 그러나 이러한 다름이 정확히 어느 정도로 남녀의 성향과 기질, 능력의 차이를 가져오고, 특히 공동체 안의 공적·사적 삶에서 남녀의 역할 구분을 명확하게 보편화할 수 있는지에 관해 과학자들은 객관적인 답변을 제시하지 못하고 있으며, 철학자들 역시 서로 다른 견해를 보인다.

생물학적 성차는 남녀의 기질이나 능력 차이를 구별하는

어떤 근거도 되지 않는다고 주장하는 대표적인 철학자가 플라톤Platon이다. 플라톤은 여성과 남성 사이에는 아이를 만드는 것에서의 차이를 제외하고는 그저 인간 종으로서의 성향과 자질의 차이가 있을 뿐이라고 한다. 즉 "나라를 경영하는 사람들의 일에는 여자가 여자이기 때문에 여자의 것인 것은 없고, 남자가 남자이기 때문에 남자의 것인 것도 없다. 오히려 여러 가지 성향이 양쪽 성의 생물들에 비슷하게 흩어져 있어서, 모든 일에 여자도 '성향에 따라' 관여하게 되고, 남자도 모든 일에 마찬가지로 관여"[110]하게 된다. 따라서 플라톤은 남녀의 평등한 권리와 의무를 강조하며, 여성도 남성과 똑같은 교육과 훈련을 통해 국가를 경영하는 통치자 계급이 될 수 있다고 주장한다.

이와 정반대의 입장에 서 있는 사상가는 루소J.-J. Rousseau다. 루소는 "각 성은 자연의 특별한 사명에 따라 그 자연의 목적을 향해서 가는 것이기에……완전한 여자와 완전한 남자는 모양새에서와 마찬가지로 정신적으로도 서로 닮지 않았다……남성은 능동적이고 강해야 하며, 여성은 수동적이고 약해야 한다……이 원칙이 확고부동하다면, 여자는 특히 남자의 마음에 들기 위해 만들어졌다는 결과가 나온다"[111]고 주장한다. 따라서 루소는 양성이 평등하다든가 동일한 의무를 갖고 있다는 주장은 공허한 수사적 허식에 불과하다고 생각한다. 요컨대 플라톤이 양성을 젠더의 관점에서 본다면,

루소는 생물학적 성차를 남녀 관계를 결정짓는 절대적인 것으로 받아들이고 있다. 그 밖의 사상가들은 이 두 견해의 중간 지점 어딘가에 놓인다.

엥겔스는 루소처럼 여성과 남성 각각의 선천적인 기질과 능력을 분명하게 주장하지는 않지만, 본유적인 차이가 있다는 것을 암묵적으로 인정한다. 엥겔스는 남녀 간에 생물학적 성차가 있고, 성차에 따라 자연스럽게 성별 분업이 이루어지는 것을 당연하게 받아들인다. 이런 견해는 페미니스트들이 엥겔스를 비판하는 이유 중 하나다. 그러나 페미니스트들이 오해하고 있는 것처럼, 엥겔스가 인간 생활의 여러 영역에서 여성과 남성의 일이 구분되는 것이 당연하다는 입장을 취한 것은 결코 아니다. 그는 성차와 성별 분업을 차이로 보았을 뿐 결코 '차별'과 '지배', '분리'의 근거로 보지 않았다. 그는 차이를 분리와 지배의 구조로 만드는 것은 경제·사회·문화적인 제도이며, 그 가장 밑바탕에 사적 소유가 있다고 생각했다. 문제는 성별 노동 분업 자체가 아니라 노동에 주어지는 사회적 가치이며—만약 여성 노동에 남성 노동보다 더 많은 사회적 가치가 주어진다면, 페미니스트들은 성별 분업에 대해 혐오감을 덜 가질지도 모른다—, 특정 노동에 부여되는 사회적 가치는 생산 체제의 변화에 따라 달라진다. 엥겔스는 원시 시대에는 출산, 양육, 가사 등의 노동이 사회적으로 매우 중요한 가치를 가졌으며 이에 종사하는 여성은 사회적으로 커다란 존중을 받았던 반면, 문명 시대에는 이런 종류의 노동에 사회적 가치가 거의 부여되지 않았고 이는 여성 노동과 여성에 대한 저평가로 나타난다고 이야기한다. 여성 해방을 위해서는 총체적인 사회 변혁이 요구된다는 엥겔스의 주장은 여성을 젠더의 관점에서 바라보고 있음을 알 수 있다.

21세기는 감성과 상상력이 지배하는 시대이고, 이런 능력은 남성보다는 여성의 자질과 성향이기 때문에 21세기를 여성의 시대라고 부르기도 한다. 아마도 플라톤은 무덤 속에서 이런 일반화를 비웃을지도 모르겠다. 플라톤은 감성적이고 상상력이 풍부한 여성의 숫자만큼 그런 남성들이 존재하고, 이런 자질은 성과는 무관하며 오히려 인간이라는 보편적 차원에서 개인의 성향을 보아야 한다고 충고할 것이다.

정의로운 사회는 사회 구성원이 자신의 성향과 적성에 따라 본래의 능력을 최대한 골고루 발휘하면서 조화로운 공동생활을 영위하는 사회일 것이다. 개인의 기질과 능력을 성이나 인종, 신분, 재산 등으로 미리 재단하고 능력 계발과 발휘의 기회를 박탈하는 것은 부당할 뿐 아니라 인적 자원을 총체적으로 활용하지 못한다는 점에서 사회적으로도 커다란 손실이다. 감성과 창조적 상상력은 모두의 개성을 인정하는 것을 뜻하며 이는 바로 다양성의 존중을 의미한다. 획일적인 사회는 지루하고 진부하며 발전 역시 더디다. 다양성의 존중은 서로의 차이를 인정하지만, 차이를 차별의 근거로 삼지 않는다. 감성과 창조적 상상력, 다양성은 궁극적으로 자유로운 정신을 전제하는 것이다.

단순히 사회 제도만을 놓고 보면 여성 해방은 과거에 비해 많은 진보를 이루었다. 그러나 의식은 느리게 변화하고 여전히 자유롭지 못해 성에 대한 고정관념에 사로잡혀 있다. 여성은 자존감을 가진 개인으로서뿐 아니라 사회의 당당한 구성원으로서 무의식 속에 잠재해 있는 터럭만큼의 노예 의식도 털어버리고 자유로운 의식과 정신을 추구하길 바랄 따름이다. 물론 이러한 의식 변혁에 남성도 함께 동참할 때 우리는 진정으로 성적 지배가 없는 사회를 기대할 수 있을 것이다.

주

1 (편집자주) 《가족, 사적 소유, 국가의 기원*Der Ursprung der Familie, des Privateigentums und des Staats*》은 마르크스주의 기본 저작에 속한다. 이 저작은 인류 발전의 가장 초기 단계들에서의 인류 역사를 학문적으로 분석하고 있다. 원시 공동체의 붕괴 과정 그리고 착취에 기반을 둔 계급 사회의 형성을 밝히고, 계급 사회의 일반적인 특성을 보여준다. 그리고 여러 사회경제적 구성체에서 가족 관계가 발전하면서 나타나는 특수성을 서술한다. 나아가 이 책은 국가의 등장과 국가의 계급적 성격을 해명하고, 계급 없는 공산주의 사회가 최종적으로 승리한 후 국가가 사멸할 수밖에 없는 역사적인 필연성을 증명한다.

엥겔스Friedrich Engels는 《가족, 사적 소유, 국가의 기원》을 1884년 3월 말부터 5월 말경까지 집필했다. 그는 마르크스Karl Marx의 유고들을 꼼꼼히 살펴보다가 미국의 진보적 학자인 모건L. H. Morgan의 저서 《고대 사회*Ancient society*》와 관련해 마르크스가 1880~1881년에 작성한 상세한 개요를 발견했다. 이 개요에는 많은 비판적 주석과 마르크스 자신의 테제들이 담겨 있었다. 엥겔스는 이 개요를 읽고서 모건의 저서가 마르크스와 자신이 완성한 유물론적 역사 인식, 그리고 자신들이 제시한 원시 공동체에 대한 견해를 증명해준다는 점을 확신했다. 이후 그는 마르크스의 주석과 모건의 저서에 들어 있는 여러 결론과 사실들을 포괄적으로 참조하면서 이 문제와 관련한 상세한 저서를 집필하기로 한다. 엥겔스는 이것을 '어느 정도까지는' 마르크스의 '유언을 집행'하는 것으로 생각했다. 책을 쓰면서 그리스와 로마, 고대 아일랜드와 고대 게르만 등의 역사와 관련해서는 자신이 이전에 했던 연구 결과에 의지했다〔특히 《마르크스 · 엥겔스 전집*Karl Marx · Friedrich Engels, Werke*》(이하 MEW로 약칭) 19권의 〈마르크*Die Mark〉, 〈게르만인의 원시사에 대해Zur Urgeschichte der Deutschen〉, 〈프랑켄** 시대Fränkische Zeit〉를 참조했다〕.

본래 엥겔스는 이 글을 독일 사민당의 합법적 이론지인 《새로운 시대*Neue Zeit*》에 발표하려고 했다. 그러나 이후 이 글의 정치적 내용 때문에 사회주의자법이 시행 중인 독일에서는 출판하기 어려우리라 생각하고 계획을 포기했다. 그리하여 이 책은 1884년 10월 초에 취리히에서 출판되었다. 처음에 독일 관헌은 이 책의 보급을 방해했다. 그럼에도 수정되지 않은 판들(1886년에 제2판, 1889년에 제3판)이 슈투트가르트에서 발행되었다. 1885년에는 폴란드어와 루마니아어, 이탈리아어 번역본이 나왔다. 당시 엥겔스는 이탈리아어 번역본의 교정을 보았으며, 1888년에 출판된 덴마크어 번역본 역시 교정을 보았다. 초판은 세르비아어로도 번역되었다.

엥겔스는 원시 공동체의 역사에 대한 새로운 자료들을 수집한 뒤, 1890년에 새로운 판을 준비했다. 작업이 진행되면서 그는 이 문제와 관련한 모든 신간을 연구했다. 특히 러시아 학자인 코발렙스키M. M. Kowalewski의 간행물들을 연구했다. 그는 새로운 인식, 특히 고고학과 비교민속학 분야의 새로운 인식에 근거해서 원래의 텍스트를 개정했고, 제2장 〈가족〉에는 중요한 보론을 달았다. 초판과 비교해서 가장 근본적인 변화는 주석이다. 그러나 이러한 변경과 한층 더 정밀한 구성으로 인해 엥겔스의 추론들이 바뀌지는 않았다. 엥겔스의 추론은 새로운 학문적 인식을 통해 재확인되었을 뿐 나중에도 의미가 훼손되지는 않았다. 학문이 계속 진보함에 따라 오늘날 학문 인식의 관점에서 보면 모건의 책에서 발췌한 여러 단편적인 것이 다소 불명확할지라도, 엥겔스가 발전시킨 테제들은 여전히 그 타당성을 입증받는다.

개정 · 보완된 제4판은 출간년도가 1892년이지만, 사실은 1891년 11월에 슈투트가르트에서 출판되었다. 그 후에는 이 책을 더 이상 수정하지 않았다. 엥겔스는 이 판에 새로 서문을 썼는데, 이것은 〈가족의 원시사에 대해Zur Urgeschichte der Familie〉(MEW, 22권 참조)라는 제목의 논문으로 발표되었다.

엥겔스가 살아 있는 동안 두 판(1892년 제5판, 1894년 제6판)이 더 나왔는데, 이것은 단지 제4판을 그대로 다시 찍은 것이다. 또한 이 판들은 프랑스어(1893년, 라우라 라파르그Laura Lafargue***가 교정을 보고 엥겔스가 감수했다), 불가리아어(1893)와 스페인어(1894)의 첫 번역판 저본으로 이용되었다. 영어로는 1902년에야 발행되었다. 러시아어 판은 1894년에 처음으로 상트페테르부르크에서 출판되었는데, 독일어 제4판을 번역했다. 이 책은 러시아에서 합법적으로 발간된 엥겔스의 첫 번째 저서다. 후에 이 책은 여러 언어로 출판되었으며, 특히 위대한 사회주의 10월 혁명이 승리한 이후에 전 세계에 널리 보급되었다.

* (옮긴이주) 마르크는 옛 독일의 촌락이다.

** (옮긴이주) 프랑켄은 서게르만족에 속하는 종족이다.

*** (옮긴이주) 라우라 라파르그는 마르크스의 둘째 딸이다.

2 (옮긴이주) 디츠J. H. W. Dietz를 말한다. 디츠는 사회민주주의를 신봉하는 출판업자였다. 1881년에서 1918년까지 독일 사민당 소속

제국의회 의원이기도 했다.

3 (옮긴이주) 모세 5경은 《구약성서》의 첫 5권(〈창세기〉, 〈출애굽기〉, 〈레위기〉, 〈민수기〉, 〈신명기〉)을 말한다.

4 (옮긴이주) 아이스킬로스Aeschylos의 〈에우메니데스Eumenides〉에 나오는 글이다. 〈에우메니데스〉는 아이스킬로스의 3부작 《오레스테이아*Oresteia*》의 제3부다(제1부는 〈아가멤논Agamemnon〉, 제2부는 〈코이포로이Choephoroi〉다).

5 (편집자주) 엥겔스는 이것을 매클레넌J. F. McLennan의 《고대사 연구. 원시 결혼 : 결혼식에서 약탈 형태의 기원에 대한 연구의 재판 수록*Studies in ancient history. comprising a reprint of 'Primitive marriage : An inquiry into the origin of the form of capture in marriage ceremonies'*》(London · New York : 1886), 124~125쪽에서 인용하고 있다. 매클레넌의 《원시 결혼. 결혼식에서의 약탈 형태의 기원에 대한 연구*Primitive marriage. An inquiry into the origin of the form of capture in marriage ceremonies*》는 에든버러에서 1865년에 처음 단행본으로 발간되었고, 《고대사 연구》에 《원시 결혼》이 게재되었다. 《고대서 연구》의 초판은 1876년에 런던에서 출판되었다. 엥겔스는 이후 이 판본에 대해서도 언급한다.

6 (옮긴이주) 마가르인은 오늘날 네팔의 중서부 구릉지대에 거주하며, 현재 네팔 인구의 약 7.1%를 차지한다.

7 (옮긴이주) 1888년 여름, 엥겔스는 애블링Edward Aveling, 마르크스 애블링Eleanor Marx-Aveling, 쇼를레머Carl Schorlemmer와 함께 오래전부터 희망했던 미국과 캐나다 여행길에 올랐다. 그는 나이아가라 폭포, 뉴욕과 보스턴 및 다른 도시들을 방문하고, 조르게F. A. Sorge를 만났다. 그는 미국을 "축복받은 자본주의적 생산 국가"라고 평가했다. 이 여행에 대한 엥겔스의 감상에 대해서는 MEW 21권,

466~468쪽을 참조하라.

8 (편집자주) J. F. McLennan, *Studies in ancient history*(London : MacMillan and Co., 1876), 333쪽.

9 (저자주) 나는 1888년 9월에 뉴욕으로 돌아오는 여행길에서 모건을 안다고 하는 로체스터의 전직 하원의원을 만났다. 유감스럽게도 그는 나에게 모건에 대해 많은 것을 이야기해주지는 못했다. 모건은 로체스터에서 민간인으로 살면서 오로지 연구에만 몰두했다고 한다. 그의 형은 육군 대령으로 워싱턴의 국방부에서 근무했다. 그는 이 형을 통해서 정부가 모건의 연구에 관심을 갖게 하고, 저작 중의 상당수를 국비로 출판하게 했다고 한다. 이 이야기를 해준 사람도 그가 하원의원일 때 이런 일을 여러 번 주선했다고 한다.

10 (편집자주) L. H. Morgan, *Ancient society*(London : MacMillan and Co., 1877), 19쪽.

11 (옮긴이주) 아도브는 중남미 원주민이 사용한, 햇볕에 말린 벽돌이다.

12 (옮긴이주) 푸에블로pueblo 인디언은 뉴멕시코(오늘날 미국의 애리조나와 멕시코 북부 지역, 콜로라도 평원과 리오그란데 강 주변) 지역에서 수렵과 채취를 하며 살았던 인디언 부족을 말한다. 이들의 거주지는 매우 독특한 형태를 가졌는데, 상자 모양으로 된 집들이 위아래로 연결되어 하나의 복합 주택을 이루었다. 여기에 수천 명의 사람이 함께 살았다. 스페인 정복자들은 이런 독특한 거주지를 보고 이들 인디언과 촌락을 '푸에블로'(스페인어로 종족, 거주라는 뜻)라고 불렀다.

13 (옮긴이주) 《일리아드*Ilias*》는 고대 그리스의 시인 호메로스Homeros가 쓴 고대 그리스 문학의 가장 오래된 서사시다. 그리스의 전설적인 트로이 전쟁을 배경으로 원한과 복수에서 파생되는 인간의 비극을 다룬다.

14 (편집자주) 엥겔스는 그의 작업과 관련해서 매클레넌의 다음의 책들을 사용했다. J. F. McLennan, *Primitive marriage*(Edinburgh : Adam and Charles Black, 1865) ; J. F. McLennan, *Studies in ancient history*(London : MacMillan and Co., 1876). 그는《가족의 기원, 사적 소유, 국가의 기원》 제4판(1892)을 준비하는 동안 특히 1886년 런던과 뉴욕에서 출판된 매클레넌의 마지막 책의 신판을 연구했다.

15 (편집자주) L. H. Morgan, *Ancient society*, 435쪽.

16 (옮긴이주) 마르주피알 뼈는 캥거루 같은 유대류의 배에 있는 주머니를 받쳐주는 뼈를 말한다.

17 (편집자주) 바호펜J. J. Bachofen의《모권. 종교적 및 법적 본성에 따른 고대 세계의 여성 지배에 관한 연구*Das Mutterrecht. Eine Untersuchung über die Gynaikokratie der alten Welt nach ihrer religiösen und rechtlichen Natur*》(Stuttgart : Krais and Hoffmann, 1861)를 참조하라.

18 (저자주) 바호펜이 자신이 발견한 것, 아니 차라리 추측한 것에 대해 얼마나 제대로 이해하지 못했는지는 그가 이 원시 상태를 난교라고 지칭한 데서 드러난다. 난교Hetärismus는, 그리스인이 이 말을 처음 사용했을 때, 미혼이나 단혼 생활을 하는 남자가 미혼인 여자와 관계를 가지는 것을 가리켰다. 그것은 항상 일정한 결혼 형태를 전제하며, 결혼 외부에서 일어나는 관계를 의미하는 것으로 적어도 이미 매춘의 가능성을 내포한다. 이 용어는 그 밖의 다른 의미로는 결코 사용되지 않았으며, 나는 모건을 따라 이 용어를 이러한 의미로 사용할 것이다. 이처럼 바호펜의 극히 중요한 발견들은 그의 상상으로 인해, 즉 역사적으로 형성된 남녀 관계가 인간의 현실적인 생활에서가 아니라 각 시기의 종교적 표상에서 연원한다고 봄에 따라, 곳곳에서 황당무계할 정도로까지 신비화되고 있다.

19 (편집자주) 지로 퇼롱Alexis Giraud-Teulon은 소쉬르Henri de Saussure의

이 주장을 《결혼과 가족의 기원*Les origines du mariage et de la famille*》(Genève · Paris : 1884) 41쪽에서 인용하고 있다.

20 (편집자주) C.-J.-M. Letourneau, *L'évolution du mariage et de la famille*(Paris : 1888), 41쪽.

21 (편집자주) 엥겔스는 에스피나스A.-V. Espinas를 지로 퇼롱의 책 518쪽에서 인용한다. 지로 퇼롱의 책에는 에스피나스의 글에서 발췌한 것이 부록으로 실려 있다.

22 (옮긴이주) 북아메리카는 지금은 미국에 속한다.

23 (편집자주) E. A. Westermarck, *The History of Human marriage*(New York : Macmillan, 1891), 70~71쪽.

24 (저자주) 마르크스는 1882년 봄에 쓴 한 편지*에서 바그너Richard Wagner의 《니벨룽겐*Nibelungen*》의 대본에 나타난 원시 시대에 대한 오류에 대해 격렬한 어조로 자신의 견해를 피력하고 있다. "오빠가 누이를 아내로서 포옹한다는 말을 일찍이 들어본 적이 있는가?"** 애정 문제에 현대적인 방식으로 근친상간적인 요소를 가미함으로써 외설적이게 된 바그너의 '색욕의 신들'에 대해 마르크스는 다음과 같이 반박한다. "원시 시대에 누이는 아내였다. 그리고 그것은 도덕적이었다."

(제4판에 붙인 주) 바그너의 친구이자 숭배자인 어느 프랑스 사람은 이 주석에 동의하지 않고 다음과 같이 지적했다. 즉 바그너가 출발점으로 삼고 있는 《구舊에다*Die ältere Edda*》의 〈외기스드렉카Ögisdrecka〉를 보면 로키는 프레이야에게 "신들 앞에서 너는 너의 오빠와 포옹했다"고 비난한다. 남매 간의 결혼은 그 당시에 이미 금기시되었다는 것이다. 〈외기스드렉카〉는 고대 신화에 대한 믿음이 완전히 무너진 시대를 반영한다. 그것은 순전히 신들에 대한 루키아노스식의*** 풍자시다. 만일 이 경우에 로키가 메피스토펠레스로서

프레이야에게 그러한 비난을 한다면, 그것은 오히려 바그너를 논박하는 것이다. 또한 몇 구절 다음에 로키는 니외르드르에게 다음과 같이 말한다. "너는 너의 누이와 (그런) 아들을 낳았다."† 니외르드르는 아세족이 아니라 바네족인데, 그는 〈잉링가 자가Ynglinga Saga〉에서 바네족에게는 남매 간의 결혼이 일상적이나 아세족의 경우에는 그렇지 않다고 말한다. 이것은 바네족이 아세족보다 한층 오래된 신임을 나타낸다.‡ 어쨌든 니외르드르는 아세족 사이에서 그들과 똑같이 살았다. 그래서 〈외기스드렉카〉는 오히려 노르웨이 신화가 발생하던 시기에는 남매 간의 결혼이 적어도 신들 사이에서는 아무런 거부감도 불러일으키지 않았음을 증명해준다. 바그너를 변호하고 싶다면 《에다》 대신에 괴테를 끌어들이면 더 좋을 것이다. 괴테는 신과 무희舞姬, Bajadere에 대한 발라드에서 여자가 몸을 바치는 종교적인 행위를 현대의 매춘과 연결하는 비슷한 오류를 범한다.

* (편집자주) 엥겔스는 1884년 4월 11일 카우츠키Karl Kautsky에게 보낸 편지에서 마르크스의 이 편지를 언급한다. 마르크스의 이 편지는 현재까지 발견되지 않았다.

** (옮긴이주) 바그너의 《니벨룽겐》은 4부작 오페라 《니벨룽겐의 반지*Der Ring des Nibelungen*》(〈라인의 황금Das Rheingold〉, 〈발퀴레(전쟁의 여신)Die Walküre〉, 〈지크프리트Siegfried〉, 〈신들의 황혼Götterdammerung〉)를 말한다. 바그너는 스칸디나비아의 영웅 서사시 《에다》와 게르만인 이동 시기(3~5세기) 독일의 신화와 전설에 근거한 독일 영웅 서사시 《니벨룽겐의 노래》를 참고로 줄거리를 썼다. 엥겔스가 인용하는 구절은 4부작 중 제2부인 〈발퀴레〉에 나온다.

*** (옮긴이주) 루키아노스Lucianos(120~200년경)는 그리스의 유명한 풍자시인이다. 80편의 작품이 그의 이름으로 전해져오나, 이 중 약 70편만 진짜 그가 쓴 것으로 여겨진다.

† (편집자주) 《에다》는 스칸디나비아 민족의 신화적인 영웅 이야기와 노래를 모은 것이다. 이것은 1643년에 아이슬란드의 주교인 스베인손Sveinsson에 의해 발견된 13세기에 쓰인 필사본의 형태(《구에다》)와 13세기 초에 시인이자 연대기 저자였던 슈투어루손Snorri Sturluson이 작성한 스칼덴(고대 스칸디나비아의 음유시인)의 시에 대한 논문 형태(《신에다》)가 남아 있다. 《에다》의 노래는 씨족 질서의 몰락과 민족 이동 시기의 스칸디나비아 사회를 반영한다. 이 노래 속에 고대 게르만인의 구전에 나오는 인물과 전설이 들어 있다. 〈외기스드렉카〉는 《구에다》에 나오는 노래인데, 이 책에서 꽤 오래된 원문에 속한다. 여기서 엥겔스는 이 노래의 32절과 36절을 인용하고 있다.

‡ (편집자주) 아세족과 바네족은 스칸디나비아 신화에 나오는 신족神族이다.

〈잉링가 자가〉는 13세기 전반에 슈투어루손이 편찬한 책 《하임스크링라*Heimskringla*》에 나오는 고대부터 12세기 말까지의 노르웨이 왕들에 관한 16편의 전설 가운데 첫 번째 전설이다. 노르웨이 왕들에 대한 것뿐 아니라 아이슬란드와 노르웨이 부족의 전설과 관련한 기록이 책의 근간을 이룬다. 엥겔스는 여기에서 〈잉링가 자가〉 제4장을 인용한다.

25 (편집자주) L. H. Morgan, *Ancient society*, 425쪽.

26 (저자주) 바호펜이 자신이 발견했다고 생각한 무규율적 성교, 이른바 '문란한 생식'의 흔적들이 군혼으로 귀착된다는 점은 오늘날에는 더 이상 의심의 여지가 없다. "바호펜이 이 푸날루아 결혼을 '무법적인 것'으로 보았다면, 그 시대 사람은 아버지 쪽이나 어머니 쪽의 먼 혹은 가까운 사촌형제 사이에 맺어지는 오늘날의 결혼도 근친상간으로, 즉 혈연이 있는 남매들 간의 결혼으로 생각할 것이다."

(마르크스)

27 (편집자주) G. J. Caesar, *Der gallische Krieg*, Buch 5, Kap. 14.

28 (편집자주) 오스트레일리아의 분족分族 체제는 대부분의 오스트레일리아 부족들이 혼인 분족이나 결혼 집단으로 나뉘어져 있었음을 의미한다. 혼인 분족은 네 개가 있었는데 이는 남자 부분과 여자 부분으로 나뉘어졌다. 네 개의 분족 사이에 혼인을 맺는 규칙이 정해져 있었다. 즉 한 집단의 남자들은 오로지 정해진 다른 한 집단의 여자들하고만 혼인을 맺었다.

29 (편집자주) L. H. Morgan, *Systems of consanguinity and affinity of the human family*(Washington : Smithsonian Institution, 1871).

30 (편집자주) L. H. Morgan, *Ancient society*, 459쪽.

31 (편집자주) 엥겔스는 모건의《고대 사회》에서 라이트Arthur Wright의 편지를 인용한다. 이 편지의 완전한 원문(날짜는 모건이 이야기하는 1873년이 아니라 1874년 5월 19일이다)은 잡지《미국 인류학자*American Anthropologist*》, 제1호(Wisconsin : Menasha, 1933), 138~140쪽에 실렸다.

32 (편집자주) H. H. Bancroft, *The native reces of the pacific states of North America*, Vol. 1(Leipzig : 1875), 352~353쪽.

33 (옮긴이주) 사투르날리아 축제는 사투르누스(농업의 신)를 경배하는 고대 로마의 민족 축제다. 본래는 12월 17일(오늘날로 치면 농사일이 끝난 동지경)에 열렸으나 후에는 12월 17일에서 24일 사이에 열렸고, 30일까지 계속되기도 했다. 이 축제 기간에는 신분 차이가 무시된다. 노예도 주인과 동등하게 취급받았으며, 심지어 주인이 노예에게 봉사하기도 했다. 축제 동안에는 폭식과 폭음이 벌어졌고 자유로운 성교가 이루어졌다. '사르투날리아'라는 말은 방종한 연회와 술자리를 의미하게 되었다.

34 (옮긴이주) 밀리타는 고대 바빌론의 사랑의 여신이다.

35 (옮긴이주) 아나이티스는 아르메니아의 사랑의 여신이다.

36 (옮긴이주) 발레아레스는 지중해의 스페인령 군도다.

37 (편집자주) 이것은 이른바 1486년 4월 21일자 과달루프 판결, 즉 스페인 왕 페르디난드 5세(가톨릭)의 세 번째 판결문과 관련한 것이다. 카탈로니아에서 농민반란은 왕으로 하여금 농민들을 승인하게 했고, 왕은 반란을 일으킨 농민과 봉건 영주 사이의 중재자가 되었다. 판결문은 돈을 주고 살 수 있다는 조건으로 예속과 '악습(특히 첫날밤의 권리, 미래의 신랑 내지는 신부를 양도하는 것)'을 폐지하도록 규정했다.

38 (편집자주) L. H. Morgan, *Ancient society*, 465~466쪽.

39 (편집자주) L. H. Morgan, *Ancient society*, 470쪽.

40 (편집자주) M. M. Kowalewski, *Perwobietnoje Prawda*, Wiepusk 1. Rod(Moskau : 1886) 참조. 이 책에서 코발렙스키는 러시아에서의 가족 공동체 문제에 대해 오르칸스키Orchanski(1875)와 예피멘코Jefimenko(1878)의 간행물들에 의존한다.

41 (옮긴이주) 야로슬라프 법전은《러시아 법전*Russkaja Prawda*》의 가장 오래된 판본의 제1부로 키예프 공국의 야로슬라프 1세가 1019년에 공포한 최초의 러시아 법령집이다. 여기에는 비잔틴 법과 슬라브 관습법이 혼재되어 있다.《러시아 법전》은 11~12세기에 관습법에 기초해서 만들어졌으며, 당시 사회의 경제적·사회적 관계를 표현한 법령집이다.

42 (편집자주) 달마티아 법률은 15~17세기까지 달마티아에 속한 지역인 폴지카에서 시행된 법률들을 모은 것으로 '포리차 법령'이라는 명칭으로 알려진 법률집이다.

43 (편집자주) Andreas Heusler, *Institutionen des Deutschen Privatrechts*,

Bd. 2(Leipzig : Duncker & Humblot, 1886), 271쪽.

44 (편집자주) 네아르코스Nearchos의 주석은 스트라보Strabo의 《지리학 *Geograpy*》, 15권, 1장에 언급되어 있다.

45 (편집자주) 칼풀리스Calpullis는 스페인의 멕시코 정복 당시 멕시코 인디언의 가족 공동체다. 각 가족 공동체의 구성원들은 모두 같은 혈통이었는데, 각 가족 공동체는 소유권이 박탈될 수도 상속으로 분할될 수도 없는 땅을 공동으로 소유했다. 칼풀리스에 대해서는 추리타Zurita가 쓴 〈뉴에스파냐 족장들의 다양한 계급, 거주민의 율법과 관습, 정복 이전과 이후의 조세 등에 관한 보고Rapport sur les différentes classes de chefs de la Nouvelle-Espagne, sur les lois, les mœurs des habitants, sur les impôts établis avant et depuis la conquête, etc., etc〉에서 언급된다. 이 글은 테르노 콩팡H. Ternaux-Compans, 《아메리카 발견사를 위한 최초의 견문담과 회상*Relations et mémoires originaux pour servir à l'histoire de la découverte de l'Amérique*》, 11권(Paris : 1840)에서 처음으로 발표되었다.

46 (편집자주) 쿠노브H. W. K. Cunow의 〈고대 페루의 촌락 및 마르크 공동체Die Altperuanischen Dorf- und Markgenossenschaften〉는 《외국*Das Ausland*》, 10월 20일, 10월 27일, 11월 3일(1890)에 실렸다. 《외국》은 자연, 토지, 민속학 분야의 최신 연구에 대한 개괄을 제공하는 잡지로 1828년에서 1893년까지 발간되었다(처음에는 일간이었으나, 1853년부터는 주간으로 발간되었다). 1873년부터 슈투트가르트에서 발행되었다.

47 (옮긴이주) 하렘은 이슬람 사회에서 궁중이나 일반 가정의 여자(특히 귀족이나 집안 가장의 아내와 첩)들이 거처하는 방을 의미하는데, 외간 남자의 출입이 엄격히 금지되어 있다.

48 (편집자주) 엥겔스는 여기에서 나폴레옹 1세 치하에 도입된 프랑스

민법전 230조를 암시한다.

49 (편집자주) 이후부터 101쪽의 '그러나 모든 격리와 감시에도 불구하고……'까지의 텍스트는 엥겔스가 1892년에 보완했다. 1884년판에는 다음과 같이 쓰여 있다. "아이들의 진짜 아버지를 확실히 하기 위해서 반쯤 감금된 고립 상태에 있었다. 그에 반해 남편은 전쟁에서 전쟁 포로가 된 여자 노예들과 천막에서 동거하면서 즐겼다. 고전적 시대에도 거의 마찬가지였다. 베커W. A. Becker의 《카리클레스*Charikles*》에는 그리스인이 자신의 아내를 어떻게 다루었는지 자세히 나와 있다. 그녀들은 꼭 감금되어 있는 것은 아니라도 세상에서 격리되어 있었는데, 남편의 우두머리 가정부에 불과했으며, 특히 나머지 하녀들과 왕래가 제한되었다. 처녀들은 실제로 감금 생활을 했으며, 아내들은 반드시 여자 노예를 동반해야만 외출할 수 있었다. 남자 손님이 오는 경우, 아내는 자신의 처소로 돌아갔다."

50 (편집자주) G. F. Schoemann, *Griechische Alterthümer*, Bd. 1(Berlin : Weidmann, 1855), 268쪽.

51 (옮긴이주) 헬로트는 스파르타인이 기원전 1000년경에 이주하면서 정복한 펠레폰네소스 남부의 원주민이다. 헬로트는 스파르타 국가의 노예로 지배 계급인 스파르타인을 위해 농작을 하고 수확물의 절반 정도를 바쳐야 했다. 원칙적으로 이들에 대한 매매는 금지되었으며, 전쟁에서 커다란 공을 세울 때 한해서 해방되었다. 해방된 헬로트는 네오다모데이스(신시민)이라고 불렸다.

52 (옮긴이주) 헤테레는 예술·문학·철학 등의 교양을 갖춘 고대 그리스의 고급 창녀다.

53 (편집자주) E. W. Wachsmuth, *Hellenische Alterhumskunde aus dem Gesichtspunkte des Staates*, Bd. 2, Kap. 2(Halle : 1830), 77쪽.

54 (옮긴이주) 가니메데스는 제우스의 총애를 받는 미소년으로, 여러

신에게 술을 따라준다.

55 (편집자주) Karl Marx · Friedrich Engels, *Die deutsche Ideologie*, MEW, Bd. 3, 31쪽 참조.

56 (편집자주) L. H. Morgan, *Ancient Society*, 504쪽.

57 (편집자주) 히로둘레Hierodule는 고대 그리스와 그리스 식민지에서 신전에 속한 남녀 노예다. 여자 히로둘레는 여러 지역에서, 특히 서남아시아 도시와 코린트에서 신전 매춘에 봉사했다.

58 (저자주) 나폴레옹 법전을 그대로 옮기면 다음과 같다. "L'enfant conçu pendant le mariage a pour père le mari(혼인 중에 수태된 아이의 아버지는 남편이다)."

59 (편집자주) P. C. Tacitus, *Germania*, 제18~19장.

60 (옮긴이주) 에센바흐Wolfram von Eschenbach는 12~13세기경 독일의 시인으로, 중고지中高地 독일 문학에 속하는 많은 서사시를 남겼다.

61 (편집자주) 1884년 판에는 '그리고 스웨덴'이 있다.

62 (편집자주) 푸리에Charles Fourier의 〈보편적 통일론*Théorie de l'unité universelle*〉, 《전집*Œuvres complètes*》, 4집 3권(Paris : Libr. Sociétaire, 1841), 120쪽에서 의미에 맞게 인용했다. 이 저작의 초판은 《국내 농업조합의 특성*Traité de l'association domestique-agricole*》, 1~2집(Paris · London : 1822)이라는 제목으로 출판되었다.

63 (옮긴이주) 《다프니스와 클로에 이야기*Poimenika ta kata Daphnin kai Chloën*》는 롱고스Longos가 3세기에 쓴 연애 소설이다. 부모 없이 목동들 사이에서 어린 시절을 보낸 다프니스와 클로에가 이별을 하고 다시 만나 사랑하고 부모를 찾는다는 이야기다. 저자인 롱고스는 2세기 말에서 3세기 초에 살았던 그리스의 소피스트 작가라는 것 외에는 알려진 바가 없다.

64 (옮긴이주) 《구트룬*Gutrun*》은 '쿠드룬*Kudrun*'으로도 알려져 있다.

1230~1240년경 중고지中高地 독일어로 쓰인 영웅 서사시로《니벨룽겐의 노래》에 이어 중세 독일 문학의 두 번째 걸작이다.

65 (편집자주) H. S. Maine, *Ancient law : its connection with the early history of society, and its relation to modern ideas*(London : Murray, 1866), 170쪽. 이 책의 초판은 1861년 런던에서 발간되었다.

66 (편집자주) Karl Marx · Friedrich Engels, *Manifest der Kommunistischen Partei*, MEW, Bd. 4, Kap. 1, 462~474쪽.

67 (편집자주) L. H. Morgan, *Ancient society*, 491~492쪽.

68 이 책 17~18쪽을 참조하라.

69 Karl Marx · Friedrich Engels, MEW, Bd. 2, 208쪽.

70 Karl Marx · Friedrich Engels, MEW, Bd. 3, 28~29쪽.

71 Karl Marx · Friedrich Engels, MEW, Bd. 3, 32쪽.

72 카를 마르크스 · 프리드리히 엥겔스,《공산당선언》, 이진우 옮김(책세상, 2006), 19쪽.

73 카를 마르크스 · 프리드리히 엥겔스,《공산당선언》, 38~40쪽.

74 Karl Marx · Friedrich Engels, MEW, Bd. 3, 367~369쪽.

75 이 책 126쪽을 참조하라.

76 이 책 127쪽을 참조하라.

77 Karl Marx · Friedrich Engels, MEW, Bd. 21, 158쪽.

78 Ursula Herman · Volker Emmrich et al., *August Bebel : Eine Biographie*(Berlin : Dietz Verlag, 1989), 222쪽.

79 Clara Zetkin, "Friedrich Engels : Nachruf zu seinem Tode", *Ausgewähte Reden und Schriften*, Bd. 1(Berlin : Dietz Verlag, 1957), 82~83쪽.

80 마르크스 · 엥겔스 · 레닌 · 스탈린,《여성해방론》, 조금안 옮김(동녘, 1988), 67쪽.

81 엥겔스의 생애에 관해서는 다음을 참고했다. Heinrich Gemkow et al., *Friedrich Engels : Eine Biographie*(Berlin : Dietz Verlag, 1988) ; 하인리히 겜코브,《맑스 엥겔스 평전》, 김대웅 옮김(시아출판사, 2003) ; 소련 맑스-레닌주의 연구소,《프리드리히 엥겔스 : 삶과 투쟁》, 전2권(전진, 1991) ; 다마이 시게루,《엥겔스의 아내 : 철학자의 사랑과 사상》, 정석암 옮김(친구, 1989) ; "Friedrich Engels", http://de.wikipedia.org/ wiki/Friedrich_ Engels.

82 Heinrich Gemkow et al., *Friedrich Engels*, 73~74쪽.

83 다마이 시게루,《엥겔스의 아내》, 184쪽.

84 하인리히 겜코브,《맑스 엥겔스 평전》, 298쪽.

85 Karl Marx · Friedrich Engels, MEW, Bd. 30, 309쪽.

86 Heinrich Gemkow et al., *Friedrich Engels*, 366쪽.

87 Marc Bloch, *Marxism and Anthropology*(London · New York : Routledge, 2004), 77쪽.

88 Marc Bloch, *Marxism and Anthropology*, 78쪽.

89 Marc Bloch, *Marxism and Anthropology*, 72쪽.

90 이 책 52쪽을 참조하라.

91 이 책 95쪽을 참조하라.

92 빈프리트 쉬바르츠, 〈가부장제의 역사적 성격〉, 빈프리트 쉬바르츠 외,《사적 유물론과 여성해방》, 엄명숙 · 강석란 옮김(중원문화, 1990), 21쪽.

93 김경미, 〈서양정치사상과 여성〉, 강경희 외,《여성정치학입문》(들녘, 2005), 48쪽.

94 메리 에반스, 〈V. 엥겔스 : 유물론과 도덕〉, 자넷 세이어즈 외,《여성의 노동 · 여성의 삶 : 엥겔스 그 후 100년》, 이정원 옮김(천지, 1990), 115쪽.

95 이 책 91~92쪽을 참조하라.

96 김경미, 〈서양 정치사상과 여성〉, 53~54쪽.

97 앨리슨 재거, 《여성해방론과 인간본성》, 공미혜 · 이한옥 옮김(이론과실천, 1999), 141쪽.

98 앨리슨 재거, 《여성해방론과 인간본성》, 355쪽.

99 G. W. F. Hegel, *Grundlinien der Philosophie des Rechts*(Frankfurt a. M. : Suhrkamp, 1986), 28쪽.

100 Karl Marx · Friedrich Engels, MEW, Bd. 3, 7쪽.

101 이하 소련에서의 여성 정책과 여성의 지위에 대한 부분은 주로 다음 논문을 참조했다. 강윤희, 〈소비에트와 포스트소비에트 러시아의 젠더 재구성 : 여성성과 남성성의 변모를 중심으로〉, 《슬라브학보》 제21권 4호(2006).

102 마르크스 · 엥겔스 · 레닌 · 스탈린, 《여성해방론》, 55쪽.

103 마르크스 · 엥겔스 · 레닌 · 스탈린, 《여성해방론》, 53쪽.

104 강윤희, 〈소비에트와 포스트소비에트 러시아의 젠더 재구성〉, 204쪽.

105 전복희, 〈1989년 이후 체제전환기 구동독 지역의 여성문제〉, 《국제정치논총》 제40집 1호(2000), 186쪽.

106 김경미, 〈독일통일과 구동독지역의 여성 : 왜 구동독지역의 여성들은 '통일의 잃은 자'가 되었는가?〉, 《국제정치논총》 제41집 1호(2001), 289쪽.

107 강윤희, 〈소비에트와 포스트소비에트 러시아의 젠더 재구성〉, 205쪽.

108 전복희, 〈1989년 이후 체제전환기 구동독 지역의 여성문제〉, 190쪽.

109 한국여성연구소, 《새 여성학강의》(동녘, 2001), 30~31쪽.

110 플라톤, 《국가 · 정체》, 박종현 옮김(서광사, 2004), 330쪽.

111 장 자크 루소, 《에밀》, 김중현 옮김(한길사, 2005), 646쪽.

더 읽어야 할 자료들

권현정, 《마르크스주의 페미니즘의 현재성》(공감, 2002)

마르크스주의 페미니즘이 오늘날 가지는 의미를 살펴보며, 특히 여성 문제에 대한 엥겔스의 기여와 한계를 자세히 논한다. 또한 영국 빅토리아 여왕 시대의 부르주아 가족과 아메리카적 핵가족의 형성을 통해 남성 생계 부양자 이념과 노동자 계급 가족의 현재적 의미를 서술한다. 보론으로 영국의 사회주의 페미니스트 역사학자 로보섬Sheila Rowbotham의 여성 해방에 대한 마르크스와 엥겔스의 맹목에 대한 비판과 마르크스 가족의 가려진 사생활에 대한 글을 실었다.

다마이 시게루, 《엥겔스의 아내 : 철학자의 사랑과 사상》, 정석암 옮김(친구, 1989)

이 책은 이른바 '철학 여담'으로 소크라테스Socrates, 에피쿠로스Epicouros, 밀턴John Milton, 로크John Locke, 칸트Immanuel Kant, 헤겔, 밀J. S. Mill, 키르케고르S. A. Kierkegaard, 엥겔스 9명의 철학자의 전기와 사생활을 다룬다. 제9장 〈엥겔스의 아내〉는 엥겔스가 아내였던 메리, 리디아 번즈 자매와 함께 지낸 생활, 맨체스터에서의 생활, 그리고 영국에서 마르크스 가족과의 교류에 대해 자세히 서술한다.

로즈마리 P. 통, 《페미니즘 사상 : 종합적 접근》, 이소영 옮김(한신문화사, 2002)

자유주의 페미니즘, 급진적 페미니즘, 마르크스주의 페미니즘과 사회주의 페미니즘, 정신분석 페미니즘과 성별 페미니즘, 실존주의 페미니즘, 포스트모던 페미니즘, 복합문화 페미니즘과 전 지구적 페미니즘, 에코페미니즘 등 페미니즘의 여러 조류를 다루는 책으로 페미니즘의 발전과 흐름을 전체적으로 조망해볼 수 있다. 마르크스주의 페미니즘과 관련해서는 마르크스주의의 인간성 개념, 경제 · 사회 · 정치 이론이 페미니즘에 주는 함의를 다룬다.

마르크스·엥겔스·레닌·스탈린, 《여성해방론》, 조금안 옮김(동녘, 1988)

여성의 노예화, 여성의 착취, 부르주아 가족, 사회주의를 위한 투쟁에 있어서 여성, 사회주의와 여성 해방, 양성 관계, 사회주의 건설에서 있어서 여성 등의 주제로 마르크스, 엥겔스, 레닌, 스탈린의 사상을 발췌 수록했다. 단편적이기는 하지만 원문을 통해 마르크스주의자들의 여성 문제에 대한 인식을 보다 정확히 알 수 있다. 또한 익히 잘 알려진 체트킨의 〈레닌에 대한 회고문〉도 부록으로 실려 있다.

빈프리트 쉬바르츠 외, 《사적 유물론과 여성해방》, 엄명숙·강석란 옮김(중원문화, 1990)

이 책은 독일 통일 이전 서독의 마르크스주의연구조사소IMSF 여성 문제 연구팀의 논문들을 수록했다. 마르크스와 엥겔스의 여성 문제 및 여성 해방에 대한 부르주아 학자와 페미니스트들의 비판을 재비판하거나 마르크스주의 여성론을 옹호하는 입장을 제시한다. 가부장제의 역사적 성격, 봉건 사회의 여성 노동과 자본주의 이행 과정에서의 여성 노동, 재생산 영역에서의 여성 노동에 관한 논문, 특히 엥겔스 이론에 대한 유물론적 페미니즘과 이에 대한 재비판은 마르크스주의 페미니즘의 이해에 많은 도움이 될 것이다.

자넷 세이어즈 외, 《여성의 노동·여성의 삶 : 엥겔스 그 후 100년》, 이정원 옮김(천지, 1990)

이 책은 엥겔스의 《가족, 사적 소유, 국가의 기원》 출판 100주년을 기념해서 나온 논문집으로 엥겔스의 저서에 대해 다양한 해석을 담은 8편의 논문을 실었다. 이 논문들을 통해서 《가족, 사적 소유, 국가의 기원》에 대한 페미니스트들의 비판적 관점을 이해할 수 있으며, 여성 문제에 대한 엥겔스의 인식을 정신분석학이나 도덕, 인류학적 시각 등 여러 측면에서 살펴볼 수 있다. 또한 중국 가족 정책의 형성에 미친 엥겔스 이론의 역할에 대한 논문도 실렸다.

하인리히 겜코브, 《맑스 엥겔스 평전》, 김대웅 옮김(시아출판사, 2003)

이 책은 변함없는 우정과 사랑, 그리고 노동자 계급에 대한 신뢰를 가지고 혁명의 한 길을 걸어간 위대한 사상가이자 정치가인 마르크스와 엥겔스의 삶을 마치 한 권의 소설처럼 재미있고 명쾌하게 서술한다. 시기별로 두 사람의 삶을 병렬적으로 제시하고 있어서 두 사람의 교류와 관계를 좀 더 정확히 머리에 그릴 수 있다. 또한 마르크스와 엥겔스의 인간적인 면모뿐 아니라 마르크스주의의 생성과 발전에 대해서도 자세하게 설명해주어 마르크스주의의 전체적인 발전 과정을 잘 알 수 있다.

Marc Bloch, Marxism and Anthropology(London·New York : Routledge, 2004)

이 책은 마르크스주의에서 인류학적 주제가 중요한 역할을 담당한다는 인식에서 출발해서 마르크스와 엥겔스 사상에 나타난 인류학적 주장들의 문제점과 정당성을 현대 인류학의 관점에서 다룬다. 저자는 인류학에 대한 마르크스와 엥겔스의 관심이 단순히 인류의 선사 시대 그 자체에 대한 지식을 습득하는 데 있지 않고, 선사 시대의 역사를 통해서 자본주의가 특정 시대의 역사적 사회 구성체에 불과하다는 점을 밝힘으로써 그들의 정치 이론을 정당화하려는 데 있다고 주장한다. 마르크스와 엥겔스의 저작과 현대 인류학적 발견을 통해 이에 대한 논증을 제공한다.

옮긴이에 대하여

김경미 kimirosa@hanmail.net

1960년 1월 서울에서 태어났으며, 서강대와 같은 대학 대학원 정치외교학과를 졸업했다. 이후 독일 마르부르크 대학에 유학하면서 마르크스주의를 본격적으로 공부했다. 1980년대 말 현실사회주의가 몰락하자 마르부르크 대학 정치학과의 퓔버트Georg Fülberth 교수는 정치경제학을 다시 독해해보자는 취지에서 한편으로는 이른바 부르주아 정통 정치경제학 수업을, 다른 한편으로는 마르크스주의 정치경제학 수업을 수년에 걸쳐 개설했다. 이 연속 세미나에 참여하면서 퓔버트 교수의 지도를 받아 힐퍼딩Rudolf Hilferding의 금융자본에 대한 분석을 마르크스의 화폐 및 신용이론과 비교해 박사 학위논문을 썼다.

귀국한 뒤 2002년과 2003년 한국정치학회 여성분과위원회에서 활동하면서 페미니즘에 관심을 가지게 되었다. 이때 같이 활동한 여성 정치학자들과 연구회를 조직하여 현재까지 꾸준히 정기적으로 세미나를 하고 있으며, 여성 정치와 관련하여 공동으로《여성정치학 입문》,《세계가 주목하는 여성정치인의 리더십》 등을 출판했다. 대전대의 강의전담교수 등을 거쳐 지금은 열린정책연구원의 연구원으로 근무하고 있다. 근래에는 현대 자본주의의 새로운 정치경제적 발전과 현상들을 마르크스주의의 이론적 틀을 통해 분석해보고, 정치사상에 나타난 여성성을 중점적으로 연구하고 있다.

가족, 사적 소유, 국가의 기원

초판 1쇄 펴낸날 | 2007년 9월 15일
개정1판 1쇄 펴낸날 | 2018년 7월 30일
개정1판 2쇄 펴낸날 | 2019년 2월 25일

지은이 | 프리드리히 엥겔스
옮긴이 | 김경미
펴낸이 | 김현태
펴낸곳 | 책세상

서울시 마포구 잔다리로 62-1, 3층(우편번호 04031)
전화 | 02-704-1251(영업부) 02-3273-1333(편집부)
팩스 | 02-719-1258
이메일 | bkworld11@gmail.com

홈페이지 | chaeksesang.com
페이스북 | /chaeksesang
트위터 | @chaeksesang
인스타그램 | @chaeksesang
네이버포스트 | bkworldpub

등록 1975. 5. 21 제1-517호

ISBN 979-11-5931-256-4 04300
979-11-5931-221-2 (세트)

책값은 뒤표지에 있습니다.
잘못되거나 파손된 책은 구입하신 서점에서 교환해드립니다.

* 이 도서의 국립중앙도서관 출판시도서목록(CIP)은 서지정보유통지원시스템 홈페이지 (http://seoji.nl.go.kr)와 국가자료공동목록시스템(http://www.nl.go.kr/kolisnet)에서 이용하실 수 있습니다.(CIP제어번호 : CIP2018021455)